전습록,
앎은 삶이다

마이클 01
전습록, 앎은 삶이다

발행일 초판1쇄 2012년 11월 25 일 | **지은이** 문성환 | **펴낸곳** 북드라망 | **펴낸이** 김현경 | **주소** 서울시 종로구 사간동 69 영정빌딩 4층 | **전화** 02-739-9918 | **이메일** bookdramang@gmail.com

ISBN 978-89-97969-17-3 03150 | 이 도서의 국립중앙도서관 출판시도서목록(CIP)은 e-CIP홈페이지(http://www.nl.go.kr/ecip)와 국가자료공동목록시스템(http://www.nl.go.kr/kolisnet)에서 이용하실 수 있습니다.(CIP제어번호: CIP2012005227) | Copyright © 문성환 저작권자와의 협의에 따라 인지는 생략했습니다. 이 책은 지은이와 북드라망의 독점계약에 의해 출간되었으므로 무단전재와 무단복제를 금합니다. 잘못 만들어진 책은 서점에서 바꿔 드립니다.

책으로 여는 지혜의 인드라망, 북드라망 **www.bookdramang.com**

마이클 01

전습록,
앎은 삶이다

왕양명 밴드 스토리
오직 행(行)할 뿐!
공부는 삶의 실천

문성환 지음

BookDramang
북드라망

책머리에

1.

공부는 힘이 세다.

　공부 덕에 나는 무수한 배려들을 마치 당연한 것인 양 누리며 살아왔고, 또 살고 있다. 올해 초등학교 2학년인 딸아이는 처음 학교에 입학했을 때, 가족을 소개하는 자리에서 이렇게 말했다. "우리 아빠는 박사예요. 박사는 공부하는 사람이라서 우리 아빠는 열두시에 들어와요." 아이의 말은 모두 사실이었다. 하지만 내가 공부하는 사람이기 때문에 열두시에 집에 들어가야 하는 건 아니다. 어찌됐든 공부를 핑계로 나는 많은 귀찮은 일들에서 보이지 않는 양보와 이해를 얻고 있다. 요즘도 딸아이는 일주일에 고작 한두 번 내가 일찍 귀가해 놀아 주면, 좋아하면서도 좀 미안(!)해한다.

이런 까닭에 나는 스스로에게 질문을 던지곤 한다. 공부한다는 사실만으로 누리는 이기적 편안함 앞에서 과연 떳떳한가. 제도권에 편입되지 못한 것을 마치 자신의 욕망인 양 비겁하게 변명하고 있지는 않은가. 최소한 또래의 정규직 친구들보다는 더 규칙적이고 열심히 해야 한다는 핑계로 실은 가족과 함께 지내는 괴로움(?)을 외면하고 있는 것은 아닌가. 아닌가? 아닌가? 증자曾子의 삼성三省까진 아니어도, 이런 물음들의 끝에는 대개 내 공부와 생활의 자족적 성격에 대한 의문에 닿게 마련이다. 주변이야 죽든 말든 공부하는 사람은 저만 좋을 뿐이라는.

나는 요즘 대중지성의 공동체 '남산강학원'kungfus.net에서 공부하고, 세미나 하고, 밥을 하고, 강의하고, 사람들을 만나 수다를 떤다. 그리고 공식적(!)으론 외부 강의 매니저다. 일은 간단하다. 인문학 강의를 요청하는 담당자와 강의 컨셉을 상담하고, 일정을 확인하고, 강사를 추천한다. 춘천시립도서관, 과천문원도서관, 부천시민학습원, 부천꿈빛도서관, 수원태장마루도서관, 창원성산도서관, 인천동구청소년수련관, 인천중앙도서관, 노원여성인력개발센터, 대구현대백화점, 배화여고, 은평구청, 농수산식품연수원, 농촌진흥청, 해양대학교, 부산대학교, 동아대학교, 군포중앙도서관, 강릉평생학습센터, 일산화수고등학교, 문경대학교, 분당시립도서관, 여성케뮤니케이션학회, 수자원공사, 마산YMCA, 광주대동문화, 한살림, 용산구청, 서울국제여성영화제, 서울시교육연수원, 지방행정연수원, 선애빌명상공동체, 간디학교, 한국구성작가협회,

국악방송, 제주특별자치도시의회, SK케미칼, 플라톤아카데미 등등등. 이밖에도 인문학 강의를 필요로 하는 곳은 생각보다 넓고 다양하다.

연구실에 문의해 오는 외부 강의는 크게 두 부류다. 의역학연구소 〈감이당〉의 고미숙 선생님 강의와 남산강학원 회원들의 강의. 비율로는 고미숙 선생님을 특정해 요청하는 강좌가 다른 강좌들을 합친 수보다도 많다. 하지만 인문학 강의를 할 수 있는 연구실이나 강사풀이 이전에 비해 크게 늘어난 상황을 감안한다면 인문학 강의에 대한 수요는 분명 많은 것이고, 이제는 꽤 일반적인 경향인 것처럼 보인다.

외부 강의를 다녀 보면 인문학은 위기라기보다는 홍수라는 생각을 많이 하게 된다. 실제로 인문학의 위기는 아카데미 인문학 혹은 주류 인문학에서 흘러나오지만, 이에 반해 확대되고 있는 저변에는 의외로 인문학을 요구하는 시장은 점점 확대되고 있다. 불과 한두 해 전까지만 해도 설혹 수강생이 적어도 의지를 갖고 실험해 보겠다는 식이었던 인문학 강의 담당자들이 이제는 으레 흥행을 자신하며 공간을 큰 곳으로 미리 배정해 놓는다. 그러면 신기하게도 대부분의 경우 큰 강당이 인문학 강의 수강자들로 채워졌다. 물론 바로 이것이 인문학의 위기라고 말하는 목소리도 있다. 인문학이 연성화되고, 백화점 상품처럼 그저 소비되고 있는 현실에 대한 우려, 혹은 비판.

외부 강의의 경우 10대에서 70대까지 수강자들의 연령층도 다양하다. 가끔은 강의가 끝난 후 지역에서 활동 중인 문인이나 전문가(!) 혹은 지역에 거점을 둔 연구재단 연구원들의 명함을 받기도 한다. 하지만 대부분의 수강생들은 미취업 중인 청춘들과 가정주부 그리고 정년퇴직자 등이다. 저녁 강의엔 일을 마치고 참가하는 직장인들도 꽤 많다.

모든 강의가 다 성공적인 것은 아니다. 얼마 전 어떤 강의는 수요를 제대로 파악하지 못해 정식 신청자가 단 두 명이었던 적도 있다. 지역 주민들을 위해 준비한 그 강의는 지역 주민들의 참여를 이끌어내지 못해 억지로 주민들을 동원(?)했다. 또 어떤 강의는 자원 신청자가 한 사람도 없어 강의를 주관한 시설 직원들이 퇴근도 못하고 자리를 채우기도 했다. 이런 경우 강의는 제대로 될 리가 없다. 들을 마음이 없는 사람들에게 인문학 강의를 할 때, 강사의 긴장도는 최고점에 이른다.

개인적으로 나 또한 비슷한 경험들을 가지고 있다. 인권연대와 함께 했던 재소자 인문학(안양교도소)에서, 그리고 백여 명의 구청 직원분들에게 했던 공무원 특강에서. 물론 이 모든 사례들은 또한 각각의 이유가 있고 체험의 결과도 다르게 남는다. 그런데 최소한 이 경험들을 통해 내게 한 가지 분명해진 것은 있다. 바로 이곳이 내 공부가 시험되는 하나의 현장이라는 사실. 내가 무슨 말을 해도 이미 다 들어 줄 준비가 되어 있고, 이해해 줄 자세를 갖추고 있는 수강생들이란 어떻게 보자면 내 공부가 꼭 필요한 현장은 아닌 것이다. 내가 제도권이 아닌 곳에서, 그것도 공동체란 이름으로 공부를 직업 삼아 함께 살기로 마음을 정했던 건, 내 삶이 공부를 통해 새로운 용법을 찾아가길 바랐기 때문이 아닌가.

2.

공부하는 사람(그냥 지식인이라 불러도 괜찮을지 망설여지지만)에게는 보통 두 개의 길이 있다. 하나는 전문 학자가 되는 것이고, 다른 하나는 현실에 참여하는 것이다. 물론 두 개의 길이 엄밀히 구분되는 것은 아니다. 우리 주위에는 전문 학자이면서 또한 현실에 적극적인 목소리를 내는 지식인들도 꽤 있다. 하지만 연구실 활동을 하면서 사람들을 만나고, 외부 강의를 다니면서, 나는 공부하는 사람이라는 말의 의미가 그동안 너무 왜소화되어 있었다는 사실을 새삼 깨닫곤 한다. 그런 점에서 보자면 최근의 인문학 열풍은 공부하는 사람에 대한 새로운 존재가 창출되는 과정일지도 모른다. 이름하여 호모-쿵푸스. 너의 공부로 너의 존재를 증명하라!

나는 공부하는 사람들이 당면하는 커다란 두 개의 길을 앎과 삶의 문제로 거칠게 이해한다. 전문 학자의 길은 세계에 대한 해석 욕망이다. 세계를 해석하겠다는 것. 그런 세계가 '있다'는 것. 이럴 경우 종종 앎은 실천과 다른 범주이거나 혹은 차후의 문제가 된다. 전문 학자들의 고명한 학술 원고들이 사실상 그들만의 리그에서(그것도 아주 극소수의) 공허한 외침에 지나지 않게 되는 것은 일차적으로 무게 중심이 앎에 놓여 있기 때문이라고 나는 생각한다. 이것은 가치의 문제와는 아무 상관이 없다. 굳이 말하자면 취미(혹은 취향)의 문제다. 과학으로서의 학문.

반면 민감한 사회 문제 등에 적극적으로 참여하는 지식인들의 열정과 헌신은 삶으로서 앎을 증명하겠다는 것처럼 보인다. 현실 참여의 기본형은 세계에 대한 변혁 욕망이다. 세계를 변혁시키겠다는 것, 그것은 어찌 됐건 나와 세계를 동일화시키겠다는 의지의 표현인 것이다. 앙가주망으로서의 실천.

그런데, 다른 길은 없을까.

에드워드 사이드Edward Said는 「작가와 지식인의 공적 역할」이란 글에서, 급변하는 현대사회의 글쓰기 환경을 작가와 독자의 관계를 통해 지적하고 있다. 오늘날 우리는 불과 10년 전에 생각할 수 있었던 것보다 더 많은 독자에게 접근한다는 생각을 가지고 작업해야 하며, 이러한 변화의 결과 작가는 자신의 어떤 언급이나 암시가 독자에게 즉각 이해될 것이라는 가정을 할 수 없게 된다는 것. 사이드의 지적에서 흥미로웠던 건 투명하고 간단명료한 글이라는 게 오히려 언론계=표준영어식 관용어의 단순한 중립으로 빠질 위험에 대해 지적한 대목이었다.

오늘날 미디어는 사이드가 이 글을 쓰던 때와는 비교할 수 없을 만큼 또 변화했다. 하지만 나는 여전히 사이드의 저와 같은 언급이 지식의 공적 사용에 대한 위기감, 예컨대 더욱 더 광범위하게 국가의 표준성에 포획되는 현대 사회의 세계표준화에 대한 경고로 읽어도 무방하다고 생각한다. 당시 사이드가 내놓은 대응 방안은, 그러므로 좀더 신속해야 하고, 투명성보다는 활동적 개입의 가능성을 열어놓는 다양한 실천들이었다. 사이드는 아마도 인터넷을 통한 지식의 공적 역할을 떠올렸을지도 모르겠다.

그렇지만 어떤 지식 혹은 어떤 지식인의 역할이 공적이냐 사적이냐 하는 것은 공공적인 것_public_과는 상관이 없다. 중요한 건 공공적인 것이다. 일례로 국가를 개인보다 큰 것으로 인식하고, 개인에 앞선 국가 즉 국익이라는 차원에 기반한 지식의 사용은 내 기준에서 보자면 공공적인 것이 아니다. 공동체 생활을 하면서 내가 갖게 된 편견이자 확신 하나는, 어떤 사건이 발생했을 때 객관적이고 합리적인 원칙이나 명분을 들이대며 시비를 따지는 행위들은 대체로 실제로는 구체적이고 사사로운 자기 자신의 욕망을 포장하거나 가리고 싶을 때 드러내는 포즈라는 사실이다. 하여 비약을 무릅쓰고 말한다면 어쨌든 나는 국가의 입장이 개인의 입장보다 공공적일 수 있다고 생각하지 않는다. 내 경우 공공적이라고 판단할 수 있는 유일한 기준은 그것을 '나' 아닌 타자들과의 관계성에 놓고 생각할 때이다. 한마디로 나는 타자적 관계에 기꺼이 서고자 하는 판단이야말로 공공적인 것이라고 생각한다.

타자? 타자란 무엇일까.

3.
나는 앞에서 과학으로서의 학문과 앙가주망으로서의 실천을 앎과 삶의 문제로 구분했다. 하지만 이 둘은 그 어느 쪽이라 해도 결국 〈앎 '과' 삶〉,

혹은 〈앎 '대' 삶〉의 구도 위에 있다. 즉 앎은 삶과 원칙적으로 구별된다.

이와 비슷한 문제로 동아시아에는 오래전에 '지와 행'의 문제가 있었다. 앎이냐 행이냐, 이 문제에 관해 주자가 내놓은 결론은 '지행일치'知行一致다. 앎과 행은 일치되어야 한다. 하지만 굳이 말하자면 알아야 행할 수 있다. 요컨대 선지후행先知後行이다. 그런데 지행일치는 종종 행하지 않는(/못하는) 현재에 대한 변명으로 이용되곤 했다. 알면서도 행하지 못하는 경우가 있다는 것. 그것은 아직 알지 못한 것이 아니라 다만 행하지 못한 것이라는 것.

주자의 지행일치에 대한 반론은 단순히 행의 선차성을 회복하는 데서는 찾아지지 않는다. 즉 지행일치의 오염에 대한 해결점은 선행후지先行後知가 아니다. 왜냐하면 이것은 단지 앎과 행의 순서를 바꿔놓은 데에 불과할 뿐이기 때문이다.

양명의 관심은 주자를 극복하는 데 있지 않았다. 핵심은 근본에서 다시 생각하는 것이다. 양명과 주자의 분기分岐는 양명이 근본에 선 결과였지 주자 개인에 대한 반발의 결과가 아니었다. 하여 결국 양명은 지행知行의 관계를 전도시킨다. 요컨대 양명은 '지행합일'知行合一이라고 말했던 것이다. 누군가 지행일치와 지행합일의 차이는 미세할 뿐이라고 말한다면, 이는 근본을 보지 못한 것이다. 양명의 지행합일은 지와 행의 순서가 아니라 지행의 분별을 거부하는 데 초점이 있기 때문이다. 양명에게 지는 이미 행이고, 행은 이미 지다. 지'와' 행이 아니라 '지행'

(지=행)일 뿐이다. 따라서 지행합일은 앎을 통해 삶을 실천하거나, 삶을 통해 앎을 증명하는 문제가 아니다. 단지 앎은 곧 삶이고, 삶은 또한 앎이라는 뜻이다.

앎=삶으로서의 지행합일. 나는 이 문제가 공부하는 사람들에게 주는 메시지가 있다고 생각한다. 지행합일은 스스로 매 순간 타자가 되는 것이기 때문이다. 앎과 삶이 분리되지 않을 때, 공부는 그 자체로 실천이다. 저 스스로 타자가 된다는 건 공부가 끝없는 타자적 관계 위에 선다는 말이다. 왜냐하면 삶은 저 혼자의 것이 아니기 때문이다. 삶은 그 자체로 복수적인 것이다. 나는 타자가 됨으로써 타자를 만나고, 타자를 만남으로써 또 다른 나로 생성된다.

타자란 나 아닌 모든 것이다. 나 아닌 모든 것이란 원칙적으로 나와의 의사 소통이 불가능한 외부를 뜻한다. 같은 인식 지반에서 발생하는 충돌은 조정과 합의가 가능하지만, 처음부터 소통 불가능한 타자와의 관계는 그저 마주치는 것만으론 새로운 관계가 생기지 않는다. 만나질 못하기 때문이다. 이때 필요한 건 일종의 도약이고, 도약은 이제까지 내가 발딛고 있던 내 전제로부터 기꺼이 떠날 수 있는 용기를 필요로 한다. 나는 나의 공부가 타자를 향한 하나의 도약이기를 원한다.

이것은 단순히 나(/우리)의 공부를 연구실 바깥의 누군가에게 건네는 문제가 아니라, 내 공부를 통해 아직 존재하지 않는 누군가가 생겨나기를 바라는 마음 위에 있다. 타자는 나와 다른 공간 위에 있기도 하지만 나와 다른 시간 위에서 오기도 한다. 중요한 건 어찌됐건 도약을 통한 시도들을 통해서만 겨우 타자와의 만남을 희망할 수 있으며, 그런 한에서만 공부는 공공적인 것이 된다는 것이다. 나는 양명 철학의 획기성이 이와 같은 타자화의 길에 있다고 생각한다.

나는 공부가 익숙해지지 않기를 바란다. 내게 공부가 영원한 타자이기를 원한다. 스스로 자신의 지반에 안주하지 않기, 머물지 않기, 떠나기, 그리하여 자신을 포함하여 저와 같은 인식의 지반에 있다고 생각했던 사람들을 불편하게 하고 그들의 저항을 불러일으키고 끝내 모순되기! 불편함과 저항과 불화는 공부하는 사람들이 지양해야 할 목표가 아니라 어렵지만 갖추어야 할 전제이자 존재 조건이다. 내가 스스로에 오로지할 때, 즉 잉여 없는 나로 설 때, 그러면서도 또한 그것에 멈추지 않을 때, 나는 오직 그 순간에만 독립된 하나의 호모-쿵푸스이다.

4.

한 권의 책에는 많은 인연들이 배어 있다. 세상 어떤 일이 그렇지 않은 게 있으랴만 책이 단지 개인의 저술이 아니라는 걸 이번에 확실히 배웠다. 그 모든 것에 일일이 인사를 하고 싶지만 그럴 수 없음이 안타깝다.

수유연구실 시절부터 지금 남산강학원에 이르기까지 십수 년 동안 내 공부의 좌표가 되어 준 고미숙 선생님께 정말로 감사한다. 이번 작업은 처음부터 끝까지, 후배들의 글쓰기를 진심으로 응원하고 기원해 준

곰숙샘의 작품이라 해도 과언이 아니다. 연구실에서 가장 바쁜 연구자임에도 불구하고 이 글을 누구보다도 열심히 읽어 주셨을 뿐 아니라, 기초부터 큰 그림을 그리는 법까지 노하우를 아낌없이 베풀어 주었다. 무엇보다 선생님의 믿음을 저버리지 않고 결실을 맺게 된 것이 기쁘다.

  마이클팀(정옥, 근영, 태진)에게도 감사한다. 이들은(처음엔 더 많은 사람들이 있었다) 매주 재미없는 선배의 글을 함께 읽어 주었다. 그러면서 때론 날카롭게 지적질(?)해 주고 때론 자기 글처럼 걱정해 주었다. 이들과 함께하면서 나는 글쓰기가 외롭고 고독한 작업만은 아니라는 걸 배웠다. 함께 책을 내게 된 것도 고맙고 영광스럽다.

  지난 해부터 새롭게 시작된 우리들의 공동체 연구실 '남산강학원'에도 감사한다. 먹고, 마시고, 공부하고, 웃으며 떠들 수 있는 남산강학원의 이 유쾌한 자유가 없었다면 내 공부는 금세 질식해 버렸을 것이다. 일일이 이름을 거론하지 못해 미안하지만 마음이 전해지길 바란다.

  그리고 이 자리를 빌려 나의 가족들에 대한 고마움도 표현해야겠다. 아내와 딸(경민), 아버지, 어머니, 장인, 장모, 누나, 매형, 처형, 처제들(현정, 현수), 동서(함과장). 여기에 조카들도 넷이나 있다. 이렇게 떠올려 보니 새삼 내가 얼마나 많은 관계 속에 있는지가 보인다. 감사드린다.

  끝으로 북드라망출판사에도 감사한다. 교정지를 받던 날, 편집자는 2012년 10월의 마지막밤을 교정본 원고와 함께 보내고 싶다고 말했다. 편집자의 바람을 꼭 들어드리고 싶었고, 어쨌든 그 덕에 이 책은 마무리되었다. 저자는 단지 원고만 만들 뿐, 책은 결국 편집자가 다 만들어 주는 것이다. 부디 이 책이 더 많은 인연들과 만나 편집자의 노고가 전해지기를 바란다.

2012년 10월 30일

남산의 가을 아래에서

서른 열세 살의 문리스 씀

차례

책머리에 004

1부 삶 生

1. 출생과 유년시절 : 벙어리 소년의 우주적 시야 020

   길 위의 장군-학자 020 | 『전습록』: 전하고 학습하던 날들에 관한 기록 022 | 구름 아이에서 인의 수호자로 026

2. 대나무 격물 : 배움과 좌절의 시간들 031

   시를 짓는 악동 031 | 성인을 꿈꾸다 034 | 대나무 격물 039

3. 용장대오(龍場大悟) : 막다른 골목에서 길은 다시 시작되고 043

   환관 유근 043 | 용장에서 깨닫다 046 | 물음으로서의 양명학 049

4. 강학(講學)과 죽음 : 혼자가 아니라 함께, 태산이기보다는 평지를! 053

   강학원, 왕양명 밴드 053 | 심즉리=격물=지행합일=치양지=성인 057 | 죽음도 산 자의 길이다 062

2부 마음 心

1. 심즉리(心卽理) : 내 마음이 우주다! 066

   나는 마음이다 066 | '심즉리'와 '성즉리' 070 | 마음은 거울이다 075

2. 격물(格物) : 나와 세계는 어떻게 만나는가 079

   삼강령과 팔조목 079 | 격물치지 082 | 물(物)은 일(事)이다 086

3. 무선무악(無善無惡) : 마음은 무색이다, 고로 모든 색이다 090

   물과 앎과 의념과 마음, 그리고 몸 090 | 마음 바깥엔 아무것도 없다 093 | 순임금의 마음 097

4. 치양지(致良知): 마음이 드러나는 길, 마음을 드러내는 길 105

   누구나 양지가 있다 105 | 양지는 시비를 안다 106 | 치양지는 끝이 없다 110

3부 행 行

1. 지행합일(知行合一) : 앎은 행이다 116

   지행일치와 지행합일 116 | 앎이 행이다 121 | 행이 앎이다 126

2. 사상마련(事上磨鍊) : 일상을 사건화하기 132

   공부는 실천이다 132 | 나를 위한 공부 135 | 백척간두진일보 142

3. 만물일체(萬物一體) : 나와 우주 146

   나와 세계 146 | 대인과 소인 149 | 천지간 만물이 한 몸이다 152

4. 만가성인(滿街聖人) : 성인은 없다, 그러므로 모두가 성인이다 156

   성인 156 | 향원과 광자 160 | 산 자의 길 165

4부 배움 學

1. 스승 : 줄탁동시, 새는 알을 깨고 나온다 170

   줄탁동시 170 | 스승, 질문하는 자 172 | 불교와 도교의 옷을 입은 유학 175

2. 논쟁 : 나의 가장 사랑스러운 적, 친구 181

   뜨거운 철학 181 | 대화, 타자와의 만남 184 | 나는 타자다 189

3. 배움의 정원 : 천하와도 바꾸지 않을 기쁨 193

   스승은 도반이다 193 | 뛸 듯이 기쁘고 모골이 송연한 196 | 집단 지성 199

4. 양명의 평지를 내달린 사람들 203

   사구교 203 | 양명학의 분화 207 | 이탁오, 양명 좌파의 마지막 상상력 209

함께 읽으면 좋은 책들 213

일러두기

1 이 책에 인용된 왕양명(王陽明)의 『전습록』(傳習錄) 번역은 정인재·한정길의 역주로 2001년 청계출판사에서 간행된 『전습록 : 실천적 삶을 위한 지침』 1·2에서 인용했습니다. 처음 인용되는 곳에 서지사항을 밝혔으며, 이후 『전습록』이 인용되는 곳에는 글제목만으로 간략히 표시했습니다. 예시 : 왕양명, 「고동교에게 답하는 글,答顧東橋書」, 『전습록 : 실천적 삶을 위한 지침』 1, 정인재·한정길 역주, 청계출판사, 2001 // 「나정암 소재에게 답하는 글」

2 『전습록』 인용문은 독자들의 이해를 돕기 위해 필자가 행을 갈거나 따옴표를 추가하여 대화 형식으로 구성하기도 하였습니다.

사 2ㅁ生 ⟨1부⟩

1
출생과 유년시절:
벙어리 소년의 우주적 시야

길 위의 장군-학자

왕양명王陽明은 1472년 명明나라의 절강성浙江省 여요현餘姚縣에서 사대부 가문의 맏아들로 태어났다. 이름은 수인守仁이며, 자는 백안伯安, 시호는 문성文成이다. 가장 널리 알려진 양명陽明이란 호칭은 고향 마을의 작은 동네 이름에서 유래된 그의 호號다.

고향에서 유소년기를 지낸 양명은 중앙 관료가 된 아버지를 따라 북경北京으로 이주했고, 그곳에서 성장했다. 이십대 후반엔 대과大科인 진사시進士試에 최종 합격하여 명나라의 관료가 되었지만 불의의 낙마 사고를 입고 낙향한다. 몇 년간의 요양과 양생 수련을 거쳐 간신히 건강을 회복한 양명은 35세에 다시 중앙 정계로 복귀했다. 하지만 얼마 지나지 않아

당대의 권력자였던 환관 유근劉瑾과 대결하게 되고, 이 과정에서 화를 입어 남서부의 오지였던 귀주성貴州省 용장龍場으로 좌천되었다. 유근의 사망과 함께 복직되지만, 이후 양명의 삶은 명나라 곳곳에서 발생한 각종 민란과 전쟁터를 따라 떠돌았다. 1528년, 양명은 지병이던 폐질환이 재발해 사망했다. 명나라 남쪽 광서성廣西省의 전주田州와 사은射恩 지역에서 발발한 민란을 수습하고 돌아오던 중이었다.

왕양명은 57세의 삶을 살았다. 요절도 아니지만 딱히 장수한 삶도 아니다. 하지만 양명이 생애의 절반 가까이를 길 위에서 살았다는 사실은 흥미롭다. 왕양명이 누군가? 그는 양명학陽明學의 창시자다. 양명학이란 무엇인가? 주자학朱子學과 더불어 송명 시대 중국 철학을 대표하는 학문의 이름이다. 한마디로 주자학의 라이벌인 셈. 그런데 주자학이 어떤 학문인가? 전근대 시기 중국 사상계를 무려 700여 년간이나 지배했던 동아시아 부동의 학문이다. 양명학은 그런 주자학에 유일하게 비견되는 학문이다.

어쨌든 양명이 자신의 생애 대부분을 길 위에서 보낸 사실은 특기할 만하다. 물론 양명도 처음에는 정식 대과 시험을 통해 관계官界로 나아간 사대부 문인 관료였다. 하지만 명나라의 혼탁한 정치적 상황은 젊은 사대부에게 평생 무인-장군의 삶을 강요했다. 그 결과 양명은 유학사의 대사상가인 동시에 대문장가로 천하에 이름을 날렸지만 다른 한편에선 명나라 병사兵史에서도 으뜸으로 치는 최고의 장군으로 기록되었다.

양명이 전쟁을 수행한 장군이었다는 말은 그가 단지 지휘권을 차지한 문인-책임관(지휘관)이 아니었음을 뜻한다. 양명은 어려서부터 말타기에 능숙한 기수였을 뿐 아니라 백발백중의 정확하고 노련한 궁수弓手이기도 했다. 전쟁터에서 양명은 직접 말을 타고 작전을 지시하는 현장 사령관이었다. 또한 양명은 언제든 직접 활을 쏘고 칼을 휘두를 수 있었던 전투적인 야전 장수였다. 칼을 찬 학자라거나 붓을 쥔 장군이라는 식의 표현은 적어도 양명에게 만큼은 비유가 아니었다. 양명에게 전쟁은 어떤 의미에서 일상이었다. 요컨대 그는 늘 예외적 상황인 전쟁을 그의 일상으로 경험해야 했던 인물이었다. 그렇기에 전장의 막사는 그의 집에 다름 아니었고, 머물고 떠나기를 수도 없이 반복했던 천하의 길들은 그에게는 생존의 현장이자 살아 있는 배움터였다.

전습록 : 전하고 학습하던 날들에 관한 기록

양명의 말과 글은 제자들에 의해 일찌감치 『전습록』傳習錄이란 책으로 묶여 편찬되었다. 전습傳習이란 말은 공자의 말씀을 기록한 『논어』에 용례가 있다. 『논어』 「학이」學而편에서 증자는 이렇게 말했다. "나는 날마다 세 가지로 나를 돌이켜 살핀다. 다른 사람들과 더불어 일을 도모할 때 마음 깊이 충실했는가? 나와 뜻을 함께하는 동료들과 더불어 교유하면서 신의를 다했는가? 스승께 전해 받아 배운 것을 내 것으로 익히려는 노력을 다했는가?" 이 중 마지막 성찰이 전습傳習이다. 즉 스승께 전해 받아 배운 것傳을 완전히 내 것으로 익히는 훈련習.

『전습록』에는 양명과 제자들이 나눈 대화와 강학講學, 그리고 양명이 쓴 편지 등이 모아져 있다. 한마디로 말해『전습록』은 양명학의 공식적인 교과서다. 일반적으로 스승의 사후에 편찬되는 관례와는 달리,『전습록』의 최초 출간은 양명의 생전에 이루어졌다. 양명학단의 초창기 수제자였던 서애徐愛는 스승의 말을 기록으로 남기기 위해 책으로 엮고 스승 양명의 허락을 얻었다. 아직 이 시기는 양명의 최종학설인 치양지설致良知說이 완성되기 이전이었다. 하지만 이후 서애는 스승보다 먼저 세상을 떠났고,『전습록』은 또 다른 제자들에 의해 중간重刊되었으며, 양명 사후에는 그동안의 말과 글을 모아 다시 증간增刊되었다.

그러므로 엄밀히 말해서『전습록』의 저자는 양명이 아니다. 기록자의 측면에서만 봐도『전습록』의 저자는 최소한 양명의 제자들이라고 해야 옳다. 그렇다면『전습록』은 제자들의 저작인가? 하지만 또한 이들의 저술은 철저하게 스승의 말과 글에 바탕한 것이다. 전傳해 주는 스승과 내 것으로 습習하려는 제자, 요컨대『전습록』은 이 사이에 있다.『전습록』은 양명과 제자들이 함께 이룬 공작共作이었다.

『전습록』을 통해 우리는 한 학문 공동체의 이러저러한 모습들을 중계받는다. 각각의 장면은 때론 무대처럼 변하고 그 속에 등장하는 인물들은 마치 배우들처럼 자신들의 역할을 갖고 등장한다. 거기에는 단지 지적이고 철학적인 토론만 있는 것이 아니다. 거기에는 개인적이고 가정사적인 고민에서 경전에 대한 진지한 강학의 장면들까지 다양함이 존재한다. 그리고 어느새 『전습록』은 이 모든 것이 전개되고 있는 '바로 그' 현장으로 우리를 데리고 간다.

특별하고 특정한 인물의 단독 저술이 아니라 스승과 제자가 '함께' 묻고 답하고 이야기를 나누며 공부한 배움의 공동체를 구성한다는 것. 이는 양명학단, 즉 왕양명 밴드가 보여 준 독특한 성취였다고 말할 수 있다. 물론 스승과 제자가 학문을 논의하고 이를 문답의 형식으로 기록한 것 자체가 양명학단만의 고유한 방식은 아니다(비근한 예로 『논어』만 해도 스승 공자와 제자들 간의 문답으로 되어 있다). 하지만 중요한 건 고유성이나 오리지널리티 같은 게 아니다. 중요한 건 무엇이 이들을 다른 그룹들과 다르도록 만들어 주었는가 하는 실제적 효과 내지는 의미다.

제자는 묻고 스승은 답한다는 이 형식은, 스승의 답변이 갖는 태산 같은 권위 이전에 공부 자체를 실감 나게 만들어 주는 효과가 있다. 제자들이 다양한 만큼 질문은 가지각색·중구난방이 된다. 하지만 그런 까닭에 거꾸로 이들의 질문은 매우 구체적이고, 직접적이며, 때론 즉물적이기까지 한다. 그렇다면 이에 대한 위대한 스승의 답변은? 스승의 대답도 정신없기(!)는 마찬가지다. 스승은 다종다양하고 때론 일관되지 않는 듯 보이기도 한다. 그런데 여기에 핵심이 있다. 다종다양+일구이언이야말로 『전습록』의 가치와 저력을 가감 없이 드러내 보여 주는 매력의 포인트다. 왜냐하면 그것이 바로 문답의 참된 맛이기 때문이다.

당연한 말이지만 스승의 대답은 언제나 제자의 질문에 따른 결과다. 즉 답변은 정확히 '바로 그' 질문과 '바로 그' 사람을 향해 날아간다. 우문에 현답이 있는 것이 아니라 그 물음이기에 바로 그 대답이 있을 뿐이다. 그러므로 이런 생생하고 활발발한 공부의 현장에는 화려한 지식의 나열이나 관념적이고 사변적인 언어가 끼어들 틈은 없다. 『전습록』의 매력은 이와 같은 공부의 장면들을 날것 그대로 보여 주는 데 있다. 배움이 있고 가르침이 있을 뿐, 고차원적 학문과 저급한 지식 등의 분별은 존재치 않는다는 것. 그것은 사실 양명의 삶의 모습이기도 했다.

명문가에서 비범한 능력을 지닌 사대부 자제로 태어났지만 실제 삶에서는 일평생 말을 타고 수많은 전쟁터를 누비다 끝내 길에서 객사(!)했다는 이야기는 확실히 평범하고 보편적인 인생이라고 말하기는 어렵다. 하지만 지금 우리가 양명의 삶에서 보고자 하는 건 그의 특별하고 비범했던 능력을 들추기 위한 게 아니다. 오히려 그 반대다. 양명의 삶과 사유는 범상치 않은 위인의 특별한 드라마에도 한 인간이 감당할 수밖에 없는 어쩔 수 없는 삶의 무게가 있을 수밖에 없다는 점을, 그리고 누구나 사실은 한 번뿐인 이 삶을 자신의 힘이 닿는 한 최선을 다해, 정직하게 통과할 수밖에 없다는 평범하고 위대한 진리를 보여 준다. 중요한 건 그가 얼마나 특별한 사람이었는가를 밝히는 데 있는 것이 아니라, 그의 어떤 삶이 누구나 겪는 한 번의 삶을 특별한 것처럼 보이게 만들었는가를 더듬어 보는 데 있다.

구름 아이에서 인의 수호자로

양명의 일생을 전하는 이야기들에는 설화적인 내용들이 많다. 양명은 출생부터 남달랐다. 엄마의 뱃속에서 무려 14개월이 지나서야 출생했기 때문이다. 참을성이 뛰어났다고 해야 할까, 아니면 대기만성형 위인의 예고였다고 해야 할까.

이름에 얽힌 이야기도 사연이 깊다. 잘 알려진 것처럼 양명의 이름은 수인守仁이다. 수인이란 글자 그대로 풀이하면 '인을 지키다守仁'라는 뜻이 된다. 이름이니 명사형으로 말해 보면 '인의 수호자'다. 공자 이래 유학자들에게 인仁이라는 말이 갖는 높은 가치를 생각해 볼 때, 사대부 유학자의 이름으로 꽤 그럴듯한 이름이란 생각도 든다.

동아시아 유학자들이 존경해 마지않는 성인 공자의 이름은 구丘였다. 공구孔丘, 구라는 말은 언덕배기라는 뜻이다. 공자가 태어난 지역의 명칭에서 유래했다고도 하고, 공자의 머리가 남들과 달리 커다란 짱구형으로 불끈 솟아오른 것을 지칭한 것이라고도 한다. 그러니까 쉽게 말하면 공자, 아니 공구는 '공씨네 언덕이' 혹은 '공씨네 왕짱구'인 것이다. 맹자의 경우에도 이름은 가軻였다. 가는 수레다. 요즘 식으로 바꿔보면 맹가는 '맹 수레', '맹 레미콘'(혹은 맹 트럭)쯤 될지도 모르겠다. 내친 김에 한 사람만 더 말해 보자. 공자와 맹자 이후 명실상부한 유학사의 일인자인 주자. 그의 이름은 희熹다. 희는 불빛이란 뜻이다. 하지만 희는 불빛은 불빛이지만 희미한 불빛을 가리킨다. 주자 역시도 이름은 매우 평범했던 것이다. 그런데 이런 이름들에 비하면 '인을 지키는 자'(인의 수호자)라는 양명의 이름은 느낌이 확실히 다르다.

물론 양명보다 훨씬 강하고 원대한 뜻을 이름으로 삼은 사람들도 분명 많았을 것이다. 그러므로 인의 수호자라는 이름 자체를 놓고 이러니저러니 말을 보태려는 것이 아니다. 말하고 싶은 건 양명의 이름이 처음부터 인의 수호자는 아니었다는 사실이다. 세상에 태어나 양명이 처음 받았던 이름은 운雲, 즉 구름이었다. 왕씨네 구름이! 어딘가 소박하고 정겹지 않은가. 하지만 평범해 보이는 이 이름에는 생각보다 큰 의미와 사연이 연결되어 있었다.

양명의 어머니 정씨鄭氏 부인은 혼인한 이후 오래지 않아 양명을 임신했다. 왕씨 집안의 내력은 진晉나라 광록대부光祿大夫를 지낸 왕람王覽까지 이어지는데, 훗날 글씨로 일가를 이루었던 왕희지王羲之가 바로 왕람의 증손자였다. 호사가들은 명필에 명문장가였던 양명의 재능을 이러한 집안 내력에서 찾기도 한다. 또한 양명의 아버지 왕화王華는 얼마 후 과거시험에서 명나라 전체 수석을 차지하게 되는 천재 중의 천재였다. 왕화는 출중한 인품과 재능으로도 일찌감치 지역에서 명성이 높았다.

어찌 됐건 양명을 임신하기까지는 대체로 모든 일이 순조로웠다고 할 수 있다. 명문가문의 재능 있는 대장부가 현숙한 아내와 혼인해 곧 아이를 가졌던 것. 많은 사람들이 기대와 관심을 가지고 왕씨 가문의 새로운 생명의 탄생을 기다렸을 것이라 상상되는데, 아이의 출생은 이제까지처럼 순조롭지 못했다. 10개월이 지났지만 아기가 전혀 나올 기미를 보이지 않았던 것이다. 시간이 지날수록, 정씨 부인의 배가 커질수록 이를 지켜보는 가족들의 근심도 커져 갔다. 의원들은 원인을 알 수 없었고, 정성을 다해 올린 치성도 효과가 없는 듯했으며, 오랜 세월 전해 내려오는 도교식 양생법과 무당들의 굿 따위도 상황을 변화시키지 못했다. 그렇게 시간은 어느덧 임신 14개월째에 접어들고 있었다.

그런데 어느 날 낮잠을 자던 양명의 할머니 잠씨岑氏 부인이 이상한 꿈을 꾸었다. 꿈에서 잠씨 부인은 하늘에 이상한 기운이 느껴져 마당으로 나갔다. 그러자 잠시 후 하늘에서 붉은색 비단 옷을 곱게 차려입은 신선이 구름을 타고 마당을 향해 내려왔다. 잠씨 부인은 신선에게 고개를 숙이고 절을 하며 맞이했는데, 구름 속 신선은 잠씨 부인에게 자신이 들고 있던 포대기를 건네주었다. 엉겁결에 포대기를 받아 안게 된 잠씨 부인은 신선이 넘겨준 포대기 속에 아기가 담겨 있는 걸 보고 깜짝 놀라 잠에서 깨어났다. 할머니 잠씨 부인이 꿈에서 아기를 받아 깨어났을 때, 어머니 정씨 부인은 마침내 아기를 출산했다. 건장한 사내아이였다.

양명의 할아버지 죽헌공竹軒公은 새로 태어난 손자의 이름을 구름雲이라고 지었다. 평소 도교道敎에 심취해 있던 죽헌공은 아이의 출생과 할머니의 꿈이 무관치 않을 뿐 아니라, 할머니의 꿈에 나타난 신선이 도교의 신선이며, 따라서 그 꿈이야말로 아이의 범상치 않은 탄생과 관계된 것이라고 생각했기 때문이었다. 그도 그럴 것이 양명의 아버지 왕화가 가진 특별함은 할아버지로 하여금 손자에게서도 특별함을 기대하게 만들기에 충분했던 것이다. 이런 상황에서 아이의 출생은 그 자체만으로도 그간의 모든 범상치 않은 과정을 특별한 사건의 징조로서 이해하도록 만들었다.

요컨대 구름, 즉 왕운王雲이라는 양명의 초명은 양명이 하늘이 내린 아이였다는 의미를 품고 있다. 사실 왕씨 가문이 명문이었다고는 하지만 많은 세월이 지나 죽헌공 대에 이르렀을 때는 평범한 사대부 가문의 하나일 뿐이었다. 재능과 인품이 출중한 아들 왕화가 있긴 했지만 이때까지는 왕화가 아직 관계로 진출하기 전이었다. 그러므로 구름이라는 이 이름은 비록 평범해 보이지만 사실상 할아버지 죽헌공의 자긍심과 은밀한 욕망이 한껏 투사된 이름이었던 것이다.

하지만 양명에겐 아직 넘어야 할 유년 시절의 숙제가 더 남아 있었다. 그것은 말言 때문이었다. 훗날 명나라 최고의 논쟁과 강학講學의 달인이 되는 이 아이가 다섯 살이 될 때까지 입을 열지 못했던 것이다.

출생과 이름에 얽힌 양명의 첫번째 운명은 우연히 양명이 사는 동네를 지나던 한 도사道士, 도교 수련자를 통해 풀렸다. 도사는 마을 어귀의 나무 그늘에서 잠시 쉬던 중 여러 아이들 속에서 유독 도드라져 보이는 한 꼬마 아이를 유심히 지켜보게 되었다. 이 꼬마는 비록 몸집은 크지 않았지만 제 또래는 물론 자기보다 훨씬 더 나이 많은 형들 사이에서도 기죽지 않는 개구쟁이였다. 놀라운 것은 이 아이가 벙어리라는 사실이었다.

한참의 시간이 흐른 후, 오랫동안 진지한 표정으로 아이를 지켜보던 도사는 몇 마디 알아들을 수 없는 혼잣말을 중얼거리며 마을을 떠났다. 도사의 기이한 행적은 곧바로 죽헌공의 귀에 닿았다. 말을 전하는 사람은 도사가 양명의 장애가 선천적인 것이 아니라고 말하는 소리를 들었다고 했다. 죽헌공은 재빨리 도사의 뒤를 쫓았다. 가까스로 마을을 떠나기 직전의 도사를 붙잡을 수 있었던 죽헌공은 양명에 관해 모든 이야기를 털어놓으며 도사의 도움을 청했다. 죽헌공의 이야기를 다 들은 후 도사는 고개를 끄덕이며 이렇게 말했다. "그 아이는 도파道破되었습니다. 제가 말씀드릴 수 있는 것은 그 정도입니다."

　죽헌공은 도사의 말이 무엇을 의미하는지 금세 알아차렸다. 도파란 천기가 누설되었다는 뜻이었다. 죽헌공은 양명의 문제가 이름 때문임을 인정했다. 자신의 사사로운 욕망이 아이의 운명에 개입했다는 것. 죽헌공은 곧바로 아이의 새로운 이름을 찾았다. 이번에는 좀 겸손해야 했다. 그리고 현실 생활에 밀착되어 살아갈 수 있도록 도교 쪽보다는 유학 쪽이길 원했다. 그리하여 아이의 새 이름이 결정되었다. 유학 사대부들의 지고한 가치인 인仁, 그 인을 잘 지켜 나가는 사람, 이라는 의미로서의 수인守仁.

　이름이 바뀌자, 거짓말처럼 아이의 말문이 열렸다.

2
대나무 격물:
배움과 좌절의 시간들

시를 짓는 악동

단지 말을 하지 못했을 뿐이었다. 양명은 활달한 아이였다. 심지어 소년 양명은 때론 우악스럽고 때론 거침없는 행동도 주저하지 않는 악동이었다. 소년 양명은 후한 시대의 명장 마복파馬伏波를 마음의 영웅으로 삼고 친구들과 함께 전술과 전법을 흉내 내는 전쟁놀이 마니아였다. 어느 순간 주술처럼 풀린 말문은 이런 양명을 더욱 기고만장하게 만들었다. 양명은 말문이 열리는 것과 함께 경서經書를 암송하여 사람들을 경악케 했다. 글을 배우면서는 오래지 않아 운韻에 맞춰 시를 짓기 시작했다.

열한 살 때의 일이다. 양명은 죽헌공을 쫓아 금산사金山寺엘 올랐다. 한

해 전 아버지 용산공龍山公, 왕화이 회시會試에서 장원급제하였는데, 용산공은 자신의 아버지 죽헌공을 북경으로 모셔 봉양하고자 하였다. 금산사는 죽헌공이 손자인 양명을 데리고 북경으로 가는 긴 여정 중에 들른 강소성江蘇省 진강鎭江에 위치한 사찰이었다. 그런데 이날따라 평소 시작詩作을 즐기던 죽헌공은 금산사의 절경을 앞에 두고도 시구를 짓지 못해 마음을 졸였다. 어느 순간 할아버지 옆에 앉아 있던 어린 양명이 다음과 같이 시를 읊었다.

금산金山은 한 점 주먹만 하지만	金山一點大如拳
유양維揚의 물 아래 드리운 하늘을 깨뜨리네	打破維揚水底天
묘고대妙高臺 위의 달은 취한 듯 떠 있으니	醉倚妙高臺上月
옥피리玉簫 소리가 동굴 속의 용을 재우네	玉簫吹徹洞龍眠

주위에 있던 사람들은 이 돌발 상황에 놀라면서도 신기해했다. 어떤 이는 감탄했고 어떤 이는 믿기지 않는다는 표정을 지었으며, 어떤 사람은 어린아이의 장난일 뿐이라고 깎아내렸다. 그러던 중 한 사람이 반쯤은 장난 삼아 반쯤은 진담으로 양명의 시작詩作을 표절이 아닐까 의심했다. "어디선가 많이 보던 시구 같은데…? 혹시 이 아이가 평소 생각하고 있던 시구가 우연히 시제와 맞아떨어진 게 아닐까?"

양명의 시 창작은 조용하던 산사에 뜻하지 않은 활기를 불어넣었다.

결국 두 패로 나눠진 사람들은 양명의 재능을 다시 한번 시험해 보자는 데에 의견을 같이했다. 어린 시인에게는 곧바로 새로운 시제가 주어졌다. 폐월산방蔽月山房! 달을 가리고 있는 산속의 방이란 뜻이었다. 사람들의 시선이 어린 소년에게 모아졌다. 아이는 태연했다. 정작 긴장한 것은 아이의 반응을 기다리는 어른들 쪽이었다. 마치 기다렸다는 듯, 시제가 떨어지자마자 아이의 붓이 날았다.

산은 가깝고 달은 먼 곳에 있으니 달이 작다고 여겨	山近月遠覺月小
문득 이 산이 저 달보다 크다고 말한다	便道此山大於月
만약 사람의 안목이 하늘같이 크다면	若人有眼大如天
도리어 산이 작고 달이야말로 광활한 것임을 보게 될 텐데	還見山小月更闊

이 시는 훗날 만나게 되는 호탕 쾌걸 남아로서의 양명 스타일을 예고하고 있다. 하지만 아직 여기에는 다듬어지지 않은 보석의 거칢, 치기와 오만함을 미처 다스리지 못한 재능 충만 소년의 자만심이 그대로 표출되고 있다. 실제로는 달이 큰 것이고 산이 작은 것이지만, 사람들은 산에서 달을 보기 때문에 달을 작다고 여긴다는 것. 하지만 이것은 눈에 보이는 대로 판단하는, 아니 자신의 편견으로 다른 사람을 판단하는 오류이고 어리석음이다. 산과 달의 크기를 눈에 보이는 대로 이해하는 것은 지금 내 눈이 보는 협소함에 사로잡힌 결과일 뿐. 우주의 눈으로 본

다면 당연히 달이 크고 산이 작다.

이 시는 자기 눈에 보이는 것만을 기준으로 제멋대로 떠들고 있는 어른들의 어리석음을 조롱하고 있다. 열한 살밖에 안 된 아이니까 당연히 시를 짓지 못할 거라 생각하는 건 어른들의 좁은 안목에서 판단된 편견일 뿐이라는 것. 전혀 다른 지평, 예를 들면 저 하늘 정도 되는 스케일의 눈으로 본다면 그런 편견은 얼마나 부끄러운 것인가.

성인을 꿈꾸다

양명 : 스승님, 사대부로 세상에 태어나 해야 할 일 가운데 가장 중요한 일은 어떤 것입니까?

과외 선생님 : 열심히 공부하는 일이다.

양명 : 왜 공부를 열심히 해야 합니까?

과외 선생님 : 훌륭한 관료가 되기 위해서다. 과거에 급제해서 위로는 황제를 보좌하고 아래로는 천하의 백성들에게 덕을 베푸는 관료가 된다면 사람으로서 가장 훌륭한 일을 한다고 할 수 있다!

양명 : 그것은 공부의 목적이 관료가 되는 데 있다는 말입니다. 제 생각에 공부는 관료가 되기 위한 것이 아닙니다. 공부는 성인이 되는 데 그 목적이 있습니다. 필자가 『양명 연보』陽明年譜에서 각색함

유학은 성인聖人을 모범 삼는 공부였고, 이것은 어린 양명에게도 충분

히 매력적인 것이었다. 성인의 삶을 일생의 목표로 추구한다는 것은 공부의 목표가 현세의 구원에 있음을 의미했다. 그 목표를 이루기 위해 사대부들은 대개 과거시험을 통해 관직을 얻었다. 관료의 삶은 유학자가 세상과 만나는 통로였다.

하지만 열두 살의 양명은 성인의 삶이 왜 관료의 길을 통해야 가능한 것인지 알 수 없었다. 성인의 삶은 굉장한 것이어야 하지 않을까. 물론 성인도 관료로서 살아야 한다면 세상을 위해 열심히 일할 게 틀림없다. 우임금은 치수治水 사업을 위해 누구보다도 열심히 일선 현장에서 땀 흘린 관료가 아니었던가. 하지만 아무리 그렇다고 해도 관료의 삶이 그 자체로 성인의 길처럼 보이지는 않았다. 양명이 보기에 성인은 왠지 이보다는 더 멋지고 대단한 삶에 대한 이름이어야 했다.

양명의 이런 생각은 당시 명나라의 상황과도 관련이 있다. 명나라는 원나라의 지방 무관이던 주원장朱元璋이 거사擧事를 통해 이룩한 나라였다. 기존의 권력 즉 원나라의 입장에서 보자면 그것은 명백한 쿠데타였다. 게다가 주원장은 미천한 평민 출신이었다. 그는 능력 있고 높은 이상을 가진 전쟁 영웅이었지만 자신의 권력을 지탱할 세력을 갖고 있지는 못했다. 이런 이유로 명나라는 출발 이후 줄곧 기존의 토착 권력들을 견제하기 위해 많은 노력을 기울였다. 그 결과 초창기의 명나라는 고위 관료들과 지역 토호들의 권력형 비리에 단호히 대처하는 것으로 하층민들에게는 큰 지지를 얻었다. 반면 권력의 지지 기반이 약하고 왕조의 정통성에 대해 갖고 있던 콤플렉스는 큰 불안 요소였다.

명나라는 『맹자』에서 권력에 비판적이거나 자칫 혁명을 용인하는 것처럼 보이는 대목은 모두 삭제시켰다. 아울러 권력의 또 다른 축이었던 사대부 관료들을 견제하고 대부분의 권력을 황제와 황실 중심으로 재편했다. 양명이 태어난 시기는 명나라 중기였다. 무능한 황제들이 잇달아 등극하면서 정치는 점점 부패했고 민심은 크게 악화되고 있었다. 사대부 관료 세력들을 누르고 황실에 집중시켰던 권력은 시간이 지날수록 황실 인척들과 황제의 최측근인 환관들에게 장악되어 갔다.

양명에게는 아버지보다 더 큰 인물이 되겠다는 야심도 있었다. 중국 전체에서 최고 수석을 차지한 천재이자 훌륭한 인품을 겸비한 관료로서의 아버지를 가진 아들. 양명에게 아버지 왕화는 언제나 존경의 대상이자 인생의 롤모델이었다. 하지만 다른 한편으로 아버지는 넘고 싶고, 넘어야 할 도전의 대상이기도 했다. 아마도 관료가 된다면 그 정점엔 아버지가 있을 것이었다.

자존심 세고 혈기방강血氣方剛했던 양명은 아버지와는 다른 길을 개척하고 싶었다. 아버지와 비교되지 않을 수 있는 길, 현실 속 훌륭한 관료의 삶보다 매력적인 삶의 길은 무엇일까. 젊은 양명은 현실의 자잘한 구속 너머에서 그 답을 구했다. 명리名利를 탐하지 않고 호연하게 자신의 기상을 펼치며 살아가는 의리의 협객들이나, 자기의 구원을 위해 일생을 바쳐 매진하는 도교나 불교 수행자들의 자유자재함! 양명은 또래의 친구들이 글공부에 전력하는 십대 시절을 임협任俠, 기사騎射, 신선神仙, 불교佛敎, 사장辭章에 빠져 지냈다.

  1488년, 17세의 양명은 제諸씨 여인과 혼인하기 위해 길을 떠났다. 양명이 머물던 북경에서 신부가 사는 강서성江西省 남창南昌의 홍도까지는 천리가 넘는 먼 길이었다. 양명은 철주궁鐵柱宮이라는 도교 사원을 지나던 중 수련 중인 백발의 도사를 만났다. 양명은 깊은 산중에서 현실의 자잘한 구속을 털어 내고 수련 중인 도사에게 큰 호기심과 흥미를 느꼈다. 도사는 양명에게 양생의 이치를 설명했다. 이들의 대화는 양명을 찾기 위해 밤새 산속을 수색한 신부집 사람들이 다음 날 새벽녘에 철주궁에 도달할 때까지 계속되었다.

  혼례가 끝난 후 양명은 처가에서 1년 이상 머물렀다. 양명은 주로 인근 도가 사원에서 도사들을 찾아다니며 담론하거나 서예를 즐기며 시간을 보냈다. 1489년18세, 양명은 제씨 부인과 함께 귀향길에 올랐다. 양명은 일부러 여정을 우회하여 강서성 상요현上饒縣을 지나도록 계획을 잡았다. 이유는 당대의 명망 높은 주자학자 누일재婁一齋, 1422~1491를 방문하기 위해서였다. 누일재는 학자의 삶과 농부의 삶을 병행했던 오여필吳與弼의 제자로, 학문의 독립성과 수신修身을 강조하는 은자隱者형 학자였다.

  양명은 누일재에게 가르침을 요청했다. 누일재 또한 먼 길을 돌아 자신을 찾아온 기세 넘치는 젊은이의 방문을 흔쾌히 받아들였다. 즉석에서 강의가 이루어졌다. 누일재는 양명에게 『대학』大學의 격물格物설을 물었다. 큰 배움의 핵심은 첫째 자신의 본래적 가치(명덕明德)를 잘 닦을 것, 둘째 관직에 나아가선 백성들의 삶을 잘 돌볼 것, 그리고 셋째 흔들림 없이 지극한 선에 머물도록 할 것이었다. 그런데 이를 위해 무엇보다 자기 자신을 수련해야 했다. 수신修身제가치국평천하.

누일재는 사람은 반드시 성인이 되기 위해 노력해야 한다고 말했다. 수신이 강조되는 이유도 마찬가지다. 자기를 수양하는 것은 성인이 되기 위함이다. 왜 성인이 되어야 하는가. 성인은 자기 스스로의 삶을 구원하는 사람이기 때문이다. 자기 자신을 구할 수 있다면 천하도 구할 수 있다. 그렇다면 그러한 성인에 어떻게 이를 수 있는가. 여기에 학문의 의의가 있다. 열심히 배워서 성인에 이르는 것이다. 가까운 곳에서부터 그리고 작은 일로부터 하나씩 이치를 터득해 나아가야 한다.

내용의 측면에서 볼 때 누일재의 강의는 평범하고 소박했다. 하지만 누일재의 말은 양명을 크게 감동시켰다. 그 이유는 누일재의 소탈하고 검박한 삶 때문이었다. 누일재는 양명이 이제까지 만나 본 유학자들과 분명한 차이가 있었다. 무엇보다 그는 외적인 부나 명예로부터 자유로웠다. 그의 집은 작고 허름했지만 그에게는 어떠한 부족함이나 불평도 느껴지지 않았다. 한마디로 누일재에게는 앎과 삶 사이에 간격이 없었다. 학문과 삶의 일치가 보여 주는 충분히 자족적이고 편안한 삶의 경지. 누일재를 만나면서 양명은 자신이 꿈꾸던 삶이 그저 관념적인 이상에 지나지 않는다는 것을 깨달았다. 작지만 큰 세계, 소박하지만 무한한 삶. 송나라 선비 유학자들의 유품인 듯 보였던 성인-되기가 누일재를 통해 현실감 있는 언어로 생기를 띠며 살아났다.

한편 양명에게 누일재의 강의는 '왜 공부하는가?'에 대한 대답이기도 했다. 격물설은 공부의 방법을 말해 주는 것이기도 했지만, 바로 그와 같은 공부가 성인의 삶에 이르는 길임을 지시해 주었던 것이다. 성인의 삶 혹은 위대한 삶이란 멀리 있는 것이 아니었다. 반드시 거창한 것일 필요도 없었다. 비록 지금 현재의 삶이 못나고 진부해 보일지라도 중요한 것은 그것이 바로 내가 살아야 할 전부임을 깨달아야 했다. 어디에서든 어떤 식으로든 나 자신을 수양하는 게 먼저다.

그러므로 성인이 되는 것은 위대한 능력을 획득하는 사건이 아니다. 겉보기에 화려하지 않아도 일상 곳곳에서 펼쳐지는 삶의 무늬들은 끝이 없을 뿐 아니라 그 자체로 아름답다. 그곳에서는 성인에 대한 어떠한 구체적인 표상도 없다. 오로지 자신의 현재적 조건에서 성인이 되겠다는 일념으로 삶에 충실한 '지금의 나'만 있을 뿐. 무엇보다 지금 이 순간 중요한 것은 성인이 되겠다는 굳건한 뜻을 세우는 것이고, 배움에 게으르지 않는 것이다.

대나무 격물

북경으로 돌아온 양명은 본격적으로 유학의 경전들을 공부했다. 일단은 남들처럼 공직의 길을 가 보는 것도 나쁘지 않을 것 같아서였다. 하지만 공부를 하면 할수록, 양명은 만족할 수 없었다. 경전의 위대한 말씀을 고분고분 익히고 앵무새처럼 되뇌이기엔 양명의 지적 호기심과 열정이 너무 컸다.

　어느 날 아버지의 관사에서 친구와 함께 토론을 벌이던 양명에게 문득 기발한 아이디어가 떠올랐다. 주자의 격물설을 말로만 외울 것이 아니라, 직접 실행해 보면 좋겠다는 것! 간단히 말하면 주자의 격물설은 각각의 사물(혹은 사건)에서 각각의 고유한 이치를 탐구해 나아간다는 것이었다. 그렇게 하나하나 이치를 탐구하기를 꾸준히 해나가면 어느 순간 큰 깨달음이 온다는 것.

　양명과 친구는 금세 의기투합했다. 그리고 이들은 곧이어 이치를 탐구할 '대상'物을 찾았다. 첫번째 격물 대상은 정원에서 자라고 있던 대나무였다. 양명의 제안에 따라 친구가 먼저 격물을 시작했다. 살피고 궁리하고 만져 보는 등 친구는 대나무의 이치를 얻기 위해 노력했다. 하지만 친구는 삼일째 되는 날 격물을 포기해 버렸다. 기대했던 것처럼 이치는 찾아지지 않고 오히려 지나치게 한 가지 생각만 골몰하게 되어 병이 날 지경이었다. 양명은 친구를 나무랐다. "자네가 격물에 실패한 이유는 반드시 이치를 깨닫겠다는 의지가 부족했기 때문이 아닐까. 아무리 간단한 사물도 그 이치가 쉽게 깨달아질 순 없을 거야. 더 치열한 용기와 기백이 필요해!"

　양명의 대나무 격물이 시작되었다. 양명은 될 수 있는 한 대나무의 주위를 떠나지 않도록 노력했다. 어찌 됐건 이치를 깨닫기 전까진 최대한 대나무와 생활을 밀착시킬 필요가 있다고 생각했다. 아울러 양명은 일상생활의 거의 모든 리듬을 대나무의 이치를 깨닫기 위한 노력으로 전환했다.

양명은 대나무를 면밀히 관찰하고 분석했다. 눈과 코와 귀와 입과 손 등 모든 감각 기관을 이용해 대나무를 살폈다. 대나무의 형체를 그려 보기도 하고, 대나무의 생장 구조를 탐구하기도 했다. 양명은 자신이 구해 볼 수 있는 한 대나무에 관해 말해진 모든 지식들을 찾아 읽고 내용을 '주욱' 정리했다.

이른 새벽 대나무와 대화를 나누는 것으로 하루를 시작했다. 대나무의 작은 순, 푸른 이파리, 그리고 굵은 마디를 직접 손으로 어루만지며 매일매일의 대나무를 주의 깊게 살폈다. 대나무와 나란히 서 있어 보기도 하고, 대나무숲에 꽂혀 잠을 자기도 했다. 그럴 때면 대나무와 함께 하늘로 뻗어가는 꿈을 꾸기도 했다. 먹고 자는 최소한의 시간 외에 양명의 머릿속은 온통 대나무뿐이었다. 아니, 먹고 자는 시간조차 양명에게는 온통 대나무 생각뿐이었다. 한다면 한다, 는 정신의 용맹한 청년은 대나무의 이치를 깨닫겠다는 확고한 목표의식과 분명한 의지로 똘똘 뭉쳐 있었다. 하루, 이틀, 사흘… 그렇게 대나무에 나아가 대나무의 이치를 격물한 지 무려 일주일째! 양명은 완전히 녹초가 되어 쓰러졌다.

대나무 격물은 능력자 양명이 부딪힌 최초의 패배였다. 모든 일에 거침없고 오만하리만치 기세등등했던 양명이었다. 하지만 대나무 격물의 실패는 양명에게 생각지도 못한 좌절감을 안겨 주었다. 가볍게 대나무의 이치를 깨닫고 나면 금세 격물을 통해 성인의 길로 나아갈 수 있으리라 생각했던 양명은 적잖이 당황스러웠다. 무엇이 문제였을까. 어째서 대나무의 이치를 깨달을 수 없었던 것일까. 양명은 실패를 인정할 수밖에 없었다. 자신은 성인이 되기에는 부족하다는 것. 성인은 반드시 배움을 통해 이르는 것이지만 결코 쉽게 다다를 수 있는 이름이 아니라는 것.

대나무 격물은 양명이 처음으로 겸손하게 자신을 돌이켜보게 된 사건이었다. 결과만 놓고 보자면 양명의 대나무 격물은 실패였다. 당황스러움과 무안함, 억울함, 분노 등의 감정이 적지 않은 당혹감으로 양명을 흔들었다. 무엇보다 이 실패는 세상을 우습게 여기던 오만한 심정이 아니라 제대로 배워 보겠다는 마음으로 최선을 다한 결과였다는 점에서 더욱 충격적이었다. 하지만 양명의 일생에서 대나무 격물의 의미는 '그 실패'에 있다. 왜냐하면 양명은 실패의 원인을 자기 자신에게서 찾고 있기 때문이다. "성인이 되기엔 나의 자질이 많이 부족하다!" 양명의 자책 섞인 이 말에서 훗날의 양명학은 이미 준비되고 있었다. 물론 이때의 양명은 아직 그 사실을 알 수 없었다.

3
용장대오 龍場大悟 :
막다른 골목에서 길은 다시 시작되고

환관 유근

대나무 격물 이후 양명은 본격적으로 과거시험 준비에 매진했다. 1492년21세, 양명은 고향인 절강성에서 치러진 향시鄕試에 합격했다. 하지만 3년에 한 번 치러지는 진사 시험에서는 두 차례 실패를 맛봐야 했다. 관료가 되는 길도 만만치 않았다. 현실의 벽은 생각보다 엄하고 단단했다.

 1499년28세, 양명은 세번째 도전한 회시會試에서 마침내 진사가 되었다. 양명은 공부工部에 배속되었다. 그는 주로 지방 공사감독관이나 형부의 사법관 같은 직책으로 현장을 발로 뛰는 업무를 맡았다. 그 일은 양명에게는 오히려 적성에 맞는 일처럼 보였다. 양명은 공사현장을 직접 말을 타고 누비면서 인부 수백 명을 병법을 응용해 관리하고 훈련시켰다.

하지만 열정적으로 현장을 누비던 양명은 어느 날 큰 낙마 사고를 당했다. 이 사고로 양명은 가슴을 크게 다쳤다. 양명은 종종 피를 토했다. 병은 요양을 하면 조금 회복되는 듯싶다가도 금세 심한 기침과 각혈로 되돌아왔다. 1501년30세, 양명은 관직에서 물러나 귀향했다. 그것은 또 한번의 좌절이 아닐 수 없었다. 양명은 고향으로 돌아와 회계산會稽山 양명동陽明洞에 칩거하면서 요양해야 했다. 건강을 위해 다시금 도가의 호흡법과 양생술 그리고 불가의 정좌靜坐 수행 등에 매달렸다.

양명은 33세1504년에 관직에 복귀했다. 양명이 다시 관료 생활을 시작할 즈음 명나라는 무종武宗의 시대였다. 무종의 시대인 정덕正德 연간은 명나라 역사상 가장 부패하고 무능했던 시기로 꼽힌다. 무종은 어리고 오만하고 방탕한 인물이었기 때문에, 이 시기 권력은 황제의 주위로 집중되었다. 특히 황제의 최측근에 해당하는 환관들의 세력이 비등하게 되어 가뜩이나 미약했던 사대부 문관관료들은 더욱 위축되어 갔다. 환관 중에서도 유근劉瑾은 육부六部의 주요 관직을 자신의 무리들로 채우고 인사권을 전횡하는 등 사실상 황제 이상의 권력을 누리고 있었다.

1506년35세, 남경南京의 간관諫官이었던 대선戴銑은 황제에게 유근의 죄상에 관해 상소를 올렸다. 하지만 황제는 오히려 대선을 투옥하고 유야무야 일을 무마해 버렸다. 이 사건은 사대부 세계를 크게 동요시켰다. 권력 기관의 잘못을 직언直言하는 일은 간관의 본분이었다. 또한 엄연히 공식적인 국가 제도를 통해 선발된 사대부 관료들에게 언로言路 활동의 자유란 일종의 불문율이었다. 게다가 대선은 사대부들 사이에서 신망 높고 청렴한 노학자였다. 양명은 즉각 대선의 정당함을 밝히고 환관 유근의 잘못을 탄핵하는 상소를 작성해 조정에 올렸다.

양명의 상소에 황제는 격노했다. 양명에게는 장형杖刑 40대의 형벌이 주어졌다. 더구나 그 형벌은 궁에서 공개적으로 집행되었다. 상소문을 이유로 사대부 관리가 공개적으로 40대의 몽둥이질을 당한다는 것은 그 형벌의 가혹함도 가혹함이지만 사대부 신하에 대한 최대의 모욕이었다. 물론 이 가혹한 형벌의 뒤에는 유근의 복수심이 작용하고 있었다. 유근은 형리에게 사정을 봐주지 말 것을 지시하며 양명에 대한 적개심을 노골적으로 드러냈다. 이 참혹한 형벌의 결과로 양명은 뼈가 부러지고, 살갗이 찢겨 나갔으며, 수차례 기절했다 깨어나기를 반복했다.

혹한의 겨울 옥중에서 망가진 몸과 마음을 채 추스르기도 전에, 양명은 다시 서쪽의 변방 귀주성貴州省 용장龍場의 역승驛丞으로 좌천되었다. 무자비한 장형과 멀고 먼 오지奧地로의 좌천은 사실상의 살인행위와 다름없었다.

무엇보다 양명이 그 먼 길을 이동할 만한 체력이 없다는 사실이 문제였다. 지난 몇 년간의 요양을 통해 가까스로 회복되었던 양명의 건강은 이 사건으로 인해 다시 한번 크게 악화되었다. 양명은 요양을 위해 용장으로 가는 여정을 최대한 늦추어 잡았다. 그는 귀주성이 있는 서쪽으로 직접 향하지 않고, 항주 쪽으로 남하해서 에둘러 가는 길을 택했다. 요양과 이동을 겸하느라 그 여정은 매우 더디게 진행되었다.

용장에서 깨닫다

양명을 멀고 먼 외지로 쫓아 버린 후에도 유근의 분노는 식지 않았다. 유근은 양명을 암살하기 위해 두 번이나 자객을 보냈다. 양명은 자객을 피해 강물에 실족사한 것으로 위장한 적도 있었다. 또 한번은 가까스로 자객을 피해 승선한 배가 급류에 휘말려 표류하는 등 죽음의 고비를 맞기도 했다. 장형으로 인한 육체적 고통과 암살에 대한 심리적 공포는 양명으로 하여금 차라리 생을 포기하고 싶다는 마음까지 들도록 만들었다. 마침내 용장에 도착했을 때, 양명의 나이는 37세1508년였다.

용장은 궁벽한 시골이었다. 주민들은 대부분 묘족苗族 원주민들이었다. 양명은 묘족인들의 말을 한마디도 알아들을 수 없었다. 게다가 묘족인들은 역대로 자신들을 천시하고 가혹하게 부리기만 했던 중앙의 관리들 및 외지인들에 대해 결코 호의적이지 않았다. 그들은 속을 알 수 없는 눈빛과 자기들끼리만 통하는 언어를 주고받으며 양명의 주위를 어슬렁거렸다.

당장 해결해야 할 의식주는 더 큰 문제였다. 지리적으로 중앙의 권력과 멀리 떨어져 있을 뿐만 아니라 습한 기후와 낙후된 문화 속에 방치되어 있던 묘족인들 대부분은 집 대신 굴 속에서 기거하고 있었다. 명목상 역승이라는 관리였지만 관사라고 할 만한 거처는 없었다. 양명 일행은 당장의 비바람을 피하기 위해 마땅한 굴을 찾아야 했다. 얼마 후 작은 암자를 찾아 거처를 옮기기는 했지만, 암자라고 해서 특별히 나아진 것은 없었다.

용장 생활은 자급자족이 원칙이었다. 양명과 양명을 따라온 일행들은 땅을 경작해 밭을 만들었다. 그리고 날마다 땔감을 찾아 숲속을 헤매 다녔다. 용장의 숲에는 맹금류와 독사·독충들이 수두룩했다. 이름 모를 독초들도 많아서 함부로 채취할 수도 없었다. 짐승들과 독사·독충들은 무시로 울타리를 넘어 집 안까지 침범했다.

낯선 땅의 물과 기후는 또 다른 괴로움이었다. 사람들은 자주 고열과 구토, 설사 등을 반복하며 쓰러졌다. 그럴 때면 양명은 스스로 땔나무를 찾고 먼 곳까지 물을 길으러 나갔다. 양명은 직접 죽을 끓여 사람들에게 나누어 주었다. 또 시가를 짓거나 재미있는 우스갯소리를 풀어 주며 병마의 두려움에 지친 사람들을 위로했다.

용장의 척박한 환경에 적응하는 만큼 이제까지 사대부 관료로서 당연하게 여겼던 부귀나 명예 등에 관한 욕망은 자연스럽게 줄어갔다. 물론 그렇다고 해서 모든 고민이 해결된 것은 아니었다. 유근이 살아 있는 한 다시 중앙 정계로 복귀한다는 건 불가능했기에 세속의 영달에 관해서는 일찌감치 마음을 접을 수 있었다. 문제는 일상적으로 엄습하는 삶의 현실이었다. 일이 없고 편안할 때는 그나마 정좌 수행을 하거나 가벼운 독서로 마음을 가라앉힐 수 있었다. 하지만 시시각각 예정 없이 발발하는 사소한 사건들은 순식간에 마음의 평정을 깨뜨리곤 했다. 용장에서의 생활은 다른 무엇보다도 일단 어떻게든 살아남아야 한다는 생존의 문제가 일차적이었다.

그럴 때마다 양명은 스스로에게 다시 질문을 던졌다. 지금의 나와 같은 조건과 환경에 처하게 되었다면 성인들은 어떻게 했을까. 묘족 사람들의 언어를 배우고 그들과 더불어 살기 위해 노력했을까. 각종 독사와 독초들에 관해 연구하고 방제 작업을 서둘렀을까. 자객을 막기 위해 집 주위에 방범 시설을 설치하고 개인적으로는 자객에 맞설 수 있는 신체 단련을 했을까. 한순간에 이 모든 것을 해결할 수는 없다면 무엇부터 해야 할 것인가. 어려울 때 성인에게서 삶의 길을 찾을 수 없다면 유학의 공부라는 게 무슨 소용이란 말인가.

깨달음은 도둑처럼 왔다. 어느 날 밤 여느 때처럼 석관石棺에 누워 잠을 청하던 양명은 갑자기 어떤 자각에 번쩍 눈을 떴다. 그 순간 양명은 오래전 자신이 품었던 의문이 한꺼번에 풀리는 것을 느꼈다. 양명의 깨달음은 지금 이곳에서 성인이라면 어떻게 할 것인가에 대한 대답이자, 오래전 그가 걸려 넘어졌던 격물설에 관한 것이었다. 자신의 삶의 길을 다른 데서 찾는 성인은 없었다. 요컨대 격물은 사물에 나아가 이치를 구하는 것이 아니었다. 중요한 건 삶의 길이 다른 성인에게 있는 것이 아니라 지금 내게 있다는 것을 깨닫는 일이었다. 이치는 나의 사물에 있지 않고 이치를 찾고자 하는 내게 있는 것이었다.

양명은 자신도 모르게 환호작약하며 벌떡 자리에서 일어났다. 그러고는 흥분된 목소리로 이렇게 소리쳤다. "성인의 도道는 나에게 충분히 갖추어져 있다. 사물에서 이치理를 구하려 하는 것은 잘못이다."

물음으로서의 양명학

용장에서의 깨달음은 이십여 년 전 양명을 좌절시켰던 대나무 격물 사건의 재판이었다고 볼 수 있다. 주자의 말을 좇아 성인이 되기 위한 노력의 일환으로 격물치지를 시도했을 때, 양명은 기껏 대나무 정도의 이치도 찾지 못한 자신의 능력 부족을 자책했었다. 그것은 이제까지 한번도 자신의 능력을 의심하지 않았던 양명이 스스로를 성인이 되기엔 부족한 그릇이라고 인정할 수밖에 없었던 뼈아픈 자각이었다. 하지만 이번의 깨달음은 그 반대였다. 이십 년 전 내가 찾아야 했던 것은 대나무에 있는 이치가 아니라 대나무의 이치를 찾으려고 하는 내 마음이었다는 것. 그러므로 지금 이곳 용장의 삶에서 내가 찾아야 할 것은 성인의 삶에 있는 어떤 이치가 아니었다는 것. 정말로 찾아야 할 것은 성인에 있지 않다. 찾아야 할 유일하면서도 모든 것은, 지금 여기에서 삶을 구하고 있는 내 마음이다.

뜻하지 않은 곳에서 답을 얻은 것처럼 보이지만, 사실 용장에서의 양명은 훌륭한 질문자였다. 다시 말해 양명의 사례는 뜻하지 않은 곳에서 답을 구한 사례가 아니라, 답이란 언제나 질문을 좇아 이루어진다는 평범한 사실을 확인시켜 준 사례다. 실제로 좋은 답을 얻지 못하는 경우의 대부분은 질문 자체에 그 원인이 있을 때가 많다.

용장에서 벌어진 양명의 일대사건은 우리로 하여금 깨달음에 관해 많은 것을 생각케 한다. 깨달음이란 무엇일까. 그것은 결국 무언가로부터 다른 무엇인가로 자각되었다는 것이다. 그러기 위해서는 자각을 일으키는 그 물음이 나에게 가까운 것이어야 한다. 즉 우리가 무엇을 깨닫고 싶다면 먼저 우리의 질문을 우리 자신에게 가까운 것에서 출발시켜야 한다는 뜻이다. 절실하고 진실된 물음이 있는 곳에 딱 그만큼의 절실하고 진실된 답이 있다. 이 과정은 그 자체로 학문의 과정이기도 하다. 배움이란 묻는 것이다. 묻고 답을 구하는 그 과정이 배움의 실천인 셈이다.

> 배우는 데는 의심이 없을 수 없기 때문에 물음이 생기게 된다. 물음은 곧 배움이자, 행위이다. 또 의심이 없을 수 없으므로 사색을 하게 된다. 사색은 곧 배움이자, 행위이다. 또 의심이 없을 수 없으므로 변별하게 된다. 변별은 곧 배움이자, 행위이다. 변별이 이미 분명해지고, 사색이 이미 신중해지고, 물음이 이미 세밀해지고, 배움이 이미 능숙해지고, 또 그리하여 그 공부를 그치지 않는 것, 이것을 독행篤行이라고 말한다. **왕양명**, 『**전습록**』, 「**고동교에게 답하는 글**」

答顧東橋書, 정인재·한정길 역주, 청계출판사, 2001

문제의 답은 언제나 의문이 발생하는 그곳에 있다. 하지만 우리는 종종 이 사실을 까먹는다. 자신이 물음을 던져 놓고 대답은 다른 데서 찾는다. 이유는 간단하다. 질문을 자신만의 것이라 생각하지 못하기 때문이다. 사실은 나로부터 질문을 일으킬 수밖에 없는데, 정작 대답은 누구나에게 옳은 것을 찾는 식이다. 예를 들면 나에게 딱 맞는 옷을 사기 위해 양품점에 들러서는 기성품 중에서 옷을 고르는 식인 것이다.

용장에서 양명이 맞닥뜨린 문제를 해결해 줄 지혜란 성인聖人들에게 있는 것이 아니다. 용장에 살았던, 그러면서 양명과 똑같은 고민을 통해 깨달음에 이른 성인이 있었는가. 그런 성인은 없다. 또한 이 문제는 여러 성인들의 삶을 연구해서 해결될 문제도 아니다. 성인의 삶은 성인과 분리되는 것이 아니기 때문이다. 요컨대 성인이 있고 그러한 성인의 삶이 따로 있는 것이 아니다. 성인은 성인의 삶을 사는 사람이다. 성인의 삶이 있다면 그러한 삶을 사는 사람을 성인이라고 하는 것이다. 그러므로 성인의 삶은 내 바깥에서 구해 얻어질 문제가 아니다. 성인의 삶은 내가 성인이 되는 삶을 말한다.

지금 나의 삶이 곧 성인의 삶이어야 한다는 것. 이 자각에 도달하기까지 양명은 숱한 물음들을 던지면서 용장의 삶을 헤쳐 나갔다. 이를 통해 그가 도달한 결론은 내 앞에 놓인 물음은 나의 것일 뿐이며, 그렇기에 이 물음에 대한 대답 또한 나 이외에 누구에게서도 구할 수 없다는 철저한 자각이었다. 묻고, 대답하고, 때론 좌절하고, 그러다가 다시 묻고, 그렇게 당면한 문제들을 하나씩 풀어 가는 과정이 있을 뿐이었다. 이 순간 과정은 그 자체로 이미 하나의 실천이다. 스스로 내 삶의 문제들을 직면하고 돌파하는 그 자체가 성인의 삶이고 성인의 지혜인 것이다.

양명학의 역사는 이 대목을 '용장에서의 큰 깨달음'龍場大悟이라고 부른다. 용장에서의 깨달음은 동아시아 사상사에서 가장 영향력이 막강했던 주자학에 대해 양명학이라는 균열을 알리는 신호탄이었다. 아울러 용장에서의 이 깨달음은 격물格物, 심즉리心卽理, 지행합일知行合一을 거쳐 마침내 치양지致良知라는 최후 종지宗旨에 이르는 양명 사상의 출발이었다. 모든 희망이 끝나 버린 듯 보였던 용장에서 새로운 학문이 시작되었다. 길은 끝난 듯 보이는 곳에서 다시 시작되는 것이었다.

4
강학講學과 죽음 :
혼자가 아니라 함께, 태산이기보다는 평지를!

강학원, 왕양명 밴드

용장에서의 삶이 익숙해지면서, 양명의 소탈한 태도는 묘족인들의 마음도 움직였다. 부와 권력이 무용한 곳에서의 생활은 오히려 양명의 활달한 기상을 되살리는 것처럼 보였다. 한번은 용장을 지나던 중앙 부처의 한 관리가 낮은 직급의 하급 관리인 양명을 모욕하는 사건이 있었다. 양명은 대수롭지 않게 넘겼지만, 그 관리는 이를 지켜보던 묘족인들에게 폭행을 당하고 말았다. 일이 난처하게 되자 용장의 책임자는 양명의 공식적인 사과를 종용하며 일을 마무리 지으려 했다. 양명은 거부했다. 묘족인들의 분노는 그들의 자발적인 감정에 따른 것이기 때문에 자신이 책임질 일이 아니라는 것이다.

용장 유배생활은 1509년, 국정을 농단하던 유근이 정쟁 속에서 암살되면서 갑자기 끝이 났다. 양명은 곧 복직되었다. 그리고 장군으로서의 양명의 삶은 이로부터 시작되었다. 명나라는 전국에서 수도 없이 크고 작은 민란과 전쟁이 발발하는 어지러운 시절로 접어들고 있었다. 한편 양명에게는 배움을 구하는 이들이 꾸준히 늘기 시작했다. 용장에서 깨달은 격물의 이론이 사람들의 입에 오르내리기 시작하면서 양명은 어느덧 자신도 모르는 사이에 새로운 학문의 진앙지가 되고 있었던 것이다.

잦은 출병과 바쁜 생활의 와중에서도 양명은 자신의 학문을 앞으로 진전시켜 나아갔다. '내 마음이 이치'心卽理라는 기본 테제에 이어 '아는 것과 행하는 것은 하나'라는 지행합일知行合一설로 이어졌다. 따르는 제자가 많아지고 명성이 높아지면서 한편으론 양명을 비난하는 목소리도 커져 갔다. 이러한 상황은 양명이 최종 학설인 '치양지'致良知설을 제창1520년한 이후는 물론이고 양명 사후까지도 끊임없이 반복되었다.

1524년53세, 백발이 성성한 한 명의 노선비가 양명을 찾아왔다. 그의 이름은 동라석董蘿石. 그는 방랑 시인이었다. 그는 사이비 학자들을 혐오했을 뿐 아니라 명분만 읊조리는 주자학자들을 찾아다니며 논쟁을 즐기는 기인이었다. 그는 명성이 자자했던 양명 또한 보통의 다른 학자들처럼 교조적이며 잘난 척하길 좋아하는 그런 인물일 것이라고 생각했다.

대화가 시작되자 동라석은 날카롭게 양명을 몰아붙였다. 동라석은 양명의 말 한마디도 허투루 놓치지 않았다. 하지만 양명은 동라석의 말에 이의를 제기하지 않았다. 양명은 깍듯하게 동라석을 예우했다. 양명은 동라석의 말을 주의 깊게 경청했다. 의견이 갈리는 순간에도 양명은 최대한 자신을 낮추고 조심스럽게 자신의 생각을 말했다.

시간이 지날수록 동라석의 말투가 점점 부드러워졌다. 그와 동시에 동라석은 이제껏 자신이 갖고 있던 학문의 근간이 무너져 내리는 것을 느꼈다. 재야의 선비로서 논쟁으로 단련된 동라석에게 양명은 이제까지 경험해 보지 못한 거대한 산맥과도 같았다. 이와 더불어 양명의 인품에 진심으로 감화되기 시작했다. 자신이 평생 지켜 온 신념이 허물어지면서도 허무하거나 불쾌한 감정이 들지 않았다. 며칠에 걸친 열띤 토론이 끝나 갈 즈음, 칠십의 나이를 바라보던 풍운아 동라석은 기어이 양명의 제자가 되기를 자청했다. 동라석은 결국 양명의 문도門徒가 되었다.

양명은 제자들에게 태산보다는 평지가 될 것을 주문했다. 왜냐하면 '태산은 평지보다 크지 않'기 때문이다. 태산과 평지에 대한 양명의 태도는 양명학의 특징이기도 하다. 태산은 우뚝한 존재다. 위대해 보이고 다른 이를 압도하지만, 다른 한편 그것은 고립되어 있다. 그에 반해 평지는 언뜻 보기엔 아무것도 아니다. 하지만 평지에서는 모든 것이 가능하다. 심지어 평지는 우뚝한 태산도 품는다. 양명은 스스로 평지가 되고자 노력했다. 아이러니하게도 평지가 되고자 할수록 오히려 우뚝한 스승이 되어 버렸지만.

양명이 만년에 머물렀던 월성越城 지역에는 양명으로 인해 언제나 수

백 명의 사람들이 몰려들었다. 사람들은 양명의 강의를 듣기 위해 먼 길을 마다하지 않았다. 월성 지역은 양명의 집 주위로 거처를 마련하려는 사람들로 북적였을 뿐 아니라, 인근 사찰에는 좁은 방에 여러 명이 합숙을 하며 양명의 가르침을 기다렸다. 그렇게 양명과 제자들은 학문에 대한 새로운 태도를 가리키는 다른 이름이었다. 앎이 곧 실천임을 강조했던 학문 공동체, 왕양명 밴드.

용장에서의 복직 이후 양명은 주로 전장을 누비는 야전 군인으로 살았다. 그럼에도 양명은 많은 제자들을 맞았고, 그들과의 강학을 게을리 하지 않았다. 양명학단에게 강학은 양명 특유의 활발함 및 쾌활함 등과 관련이 깊다. 그들은 단지 골방에서 지식을 담론하는 서생들로서가 아니라 언제 어디서든 자신들이 처한 현재를 공부의 장으로 만드는 능동적인 학인-공동체 집단이었다.

강학講學은 양명학의 이와 같은 집단성을 지탱시킨 원칙이었다. 그러므로 엄밀히 말해 양명학은 양명과 제자들이 '함께' 도달한 집단지성의 산물이었다. 스승은 묻고 제자는 대답한다. 혹은 제자가 물으면 스승이 대답한다. 물음과 답변이라는 대화의 형식은 그렇듯 상호적인 것이다. 그리고 언제나 구체적이다. 공부는 독백이 아니고 관념이 아니라는 것. 양명은 추상적인 주제에 관한 수준 높은 담론이 아니라, 구체적이고 일상적인 욕망 때문에 발생하는 크고 작은 갈등과 고민들에 대한 충실한 거울로서 배움과 삶의 문제를 스스로 돌이켜 볼 수 있게 해주었다.

심즉리＝격물＝지행합일＝치양지＝성인

양명이 깨달은 격물格物의 의미는, 물物(사물이든, 상황이든)과의 관계에서 우리가 해야 하는 것은 그 물에 닿아 있는 내 마음의 바름을 찾아야 한다는 말이었다. 사실 오늘날 격물이란 말은 사어死語에 가깝다. 하지만 말은 비록 죽었어도 격물 그 자체가 지시하는 의미 자체가 죽은 것은 아니다. 격물은 주자학과 양명학에서 빠뜨릴 수 없는 중요한 개념이다. 그 이유는 전통적으로 이 말이 유학의 공부법을 지시하고 있기 때문이다. 격물설은 좁게는 신유학新儒學(즉 주자학과 양명학)의 구획을 조정했고, 조금 과장하면 유학적 패러다임에 대한 근본적인 재성찰을 요구했다.

격물설에 대한 양명의 비판은 무엇보다도 개개 사물에서 이치를 구하는 것은 잘못이라는 데 있다. 마음 바깥에서 무엇을 구하려는 일체의 것에 대해, 양명은 반대한다. 그렇다면 대체 이치는 어디에서, 어떻게 찾을 수 있다는 말인가.

양명에게 이치理는 사물에 속해 있는 '무엇'이 아니다. 매 순간 나의 온 마음이 물物을 격格해 얻게 되는 바름, 그것이 리理다. 즉 이치는 내 마음을 떠나지 않는다. 이치란 결국 내 마음의 문제라는 것! 이 말은, 이치란 저기 어딘가(바깥)에 있는 것이 아니며, 반드시 지금-여기에 있는 나의 이 마음의 문제임을 뜻한다. 이로써 양명의 격물은 하나하나의 사물과 사건에서 앎을 이룬다는 주자식의 공부와 결별한다.

학문은 단지 '이 마음'을 밝히는 문제다. 필요하다면 지식이나 학습도

마다할 이유가 없지만 근본적으로 앎의 문제에 있어 중요한 것은 '지금 이 마음'이다. 이 마음만 밝다면 우리는 어떤 상황에서도 충분히 옳은 (혹은 좋은) 삶을 살아갈 수 있다. 그렇게 자신의 삶에 떳떳할 수 있다면 그 밖에 삶을 위해 또 무엇이 필요하단 말인가.

> 만약 내 의념이 부모를 섬기는 데 있다면 부모를 섬기는 것이 하나의 물物이고, 의념이 임금을 섬기는 데 있다면 임금을 섬기는 것이 바로 하나의 물이며, 의념이 백성을 어질게 대하고 사물을 사랑하는 데 있다면 백성을 어질게 대하고 사물을 사랑하는 것이 하나의 물이며, 의념이 보고 듣고 말하고 움직이는 데 있다면 보고 듣고 말하고 움직이는 것이 바로 하나의 물이다. 그래서 나는 "마음 밖에 이치가 없으며, 마음 밖에 물이 없다"고 말한다. 「서애의 기록」徐愛錄

마음이 곧 물이고, 일=사건이다. 마음은 언제나 '이미' 어떤 사건 속에 있다. 마음은 어디 다른 곳에 있다가 사건이 생기면 등장하는 것이 아니라, 항상 내가 속한 사건=일으로서만 존재한다. 양명은 말한다. 마음 바깥에는 사물도 없고, 사건도 없고, 이치도 없다心外無物, 心外無事, 心外無理. 마음 밖에는 아무것도 없다.

양명은 언젠가 여행길에서 꽃들이 군락을 이루며 피어 있는 것을 보았다. 그 꽃은 아마도 수년 이상 그 자리에서 피고 지기를 반복했을 것이다. 양명과 동행했던 지인은 이에 대해 평소 궁금했던 질문을 양명에게 던졌다. 우리는 오늘에야 저 꽃들을 처음 보게 되었지만 아마도 저 꽃들은 어제도 또 작년에도 저곳에서 피고 지기를 반복했을 것이다. 그렇다면 저 꽃들은 내 마음과 상관없이 저렇게 피고 지며 살아 있는 것이 아닌가. 양명 선생의 말처럼 마음 밖에 사물이 없는 것이라면 지금 우리 눈앞에 있는 저 꽃들은 어제까지 존재하지 않았던 것이라는 말인가?

양명의 대답은 '그렇다'이다. 마음이 없는 곳에 물物은 없다. 즉 마음과 물은 따로 떼어 내 말할 수 없다. 즉 마음과 물은 분리되지 않는다. 바위 사이에 핀 어떤 꽃에 관한 양명과 지인의 대화는 뒤에서 다시 이야기할 것이기에 여기에서는 자세한 해설을 피한다. 다만 격물에서 심즉리로, 심즉리에서 지행합일로 이르는 동안(훗날의 치양지까지) 양명 사유에 일관되고 있는 인식과 실천의 분리 불가능성이 여기에서도 발견된다는 점을 지적해 둔다. 일반적으로 개체적이고 독립적인 외적 존재로 이해되고 있는 물物에 대해 양명은 그것이 마음心과 분리되지 않는 것임을 분명히 언급하고 있다는 사실이다. 이렇게 물과 마음을 떨어뜨릴 수 없는 것으로 이해시킴으로써 양명의 사유는 물에 대한 혹은 물을 통한 '나'의 실천성을 자연스럽게 요구한다.

이런 맥락에서 양명의 격물설(심즉리)은 신유학의 오랜 난제難題, 아포리아이던 '성인聖人-되기'와 바로 연결된다. 성인이 된다는 것은 한마디로 누구든지 자신의 마음으로부터 곧바로 실현 가능한 문제라는 것이다. 왜냐하면 사람은 누구나 마음을 가지고 있으며, 이 마음의 본체인 양지良知는 성인이나 보통 사람이나 동일한 것이기 때문이다. 다시 말해 양명은 사람의 마음이야말로 성인에 이르는 충분한 자질이라고 증명함으로써, 폼은 나지만 사실은 이상적인 구호에 머물고 있던 '성인-되기'를 순식간에 회복시켜 버린 셈이다.

양명의 사유는 이제껏 당연하다고 생각했던 전제들을 다시 문제 삼음으로써 기존 사고의 지반을 뒤흔들었다. 예컨대 심즉리에 이은 지행합일설도 그랬다. 양명은 지행知行이 하나라고 주장함으로써 '지와 행'이라는 논의의 지반 자체를 뒤집는 것이었다. 예를 들어 보자. 사과를 안다는 것은 무엇인가. 지와 행의 구도에서 사과를 안다는 것은 사과, 라는 대상에 대한 앎을 의미한다. 사과의 품종, 특성 같은 것이거나 사과의 학명 등에 관한 전문적 지식 등등. 이 경우 사과를 안다는 것에는 어떠한 실천이 가능할까. 다시 말해 사과의 품종과 특성 혹은 학명을 아는 것은 사과에 관한 어떤 실천行과 이어지는 것일까. 물론 여기에도 실천할 수 있는 어떤 측면이 없지는 않을 것이다. 하지만 최소한 여기에서는 아는 것과 행하는 문제가 간극이 있음을 알 수 있다. 알아야 행위한다는 것, 혹은 행위하기 위해서는 알아야 한다는 것.

하지만 양명의 경우라면 사과에 관해 이렇게 말할 것이다. 사과를 안다는 것은 사과를 생각만 해도 군침을 흘리거나 사과를 보자마자 베어 먹으려 든다는 것을 의미한다. 이런 것은 사과에 대한 행동 즉 실천이 아니냐고? 물론 행이다. 하지만 이때의 행은 앎과 분리되지 않는다. 사과를 안다는 것은 사과를 먹는다는 것이고, 사과를 먹는다는 것은 사과를 안다는 것이다.

양명의 이러한 지행관이 의미하는 것이 뭘까. 만일 여러 견문見聞을 통한 지식을 앎이라 한다면 우리는 앎과 행 사이의 간극을 영원히 메꿀 수 없게 된다. 왜냐하면 행위는 언제나 앎의 결과일 것이기 때문이다.

유학의 성인은 앎을 행하는 사람이 아니다. 성인은 앎이 곧 행인 사람들이다. 물론 성인은 모르는 것이 없으며 모든 것을 안다. 하지만 이때 성인이 아는 것은 세상의 모든 지식을 의미하지 않는다. 즉 성인은 많은 지식을 가진, '아는 사람'에 대한 이름이 아니다. 성인은 어떠한 경우라도 자신이 무엇을 해야 할지 모르는 것이 없는 사람이다.

앎과 행 사이의 간극 없음, 아니 사실 이 표현은 철저하지 못한 부분이 있다. 앎이 이미 행이다. 행은 이미 앎이다. 이런 사람을 성인이라고 한다. 내 마음의 내부와 외부가 따로 없는 사람. 내 마음의 바닥까지가 환하게 삶으로 드러나는 사람, 양지의 완전한 실현, 치양지이다.

그러므로 지행의 삶이란 결국 격물, 즉 매 순간의 사물·사건들 속에서 마음의 바름을 얻는(이 얻음 자체가 실천과 분리되지 않는다) 삶이다. 양명은 이것을 내 마음을 바르게 하는 것이라고 말했다. 바름을 얻는다는 것은 매 사건들에서 앎과 행이 분리되지 않는 것을 의미한다. 매 순간의 마음의 충실함을 얻는 것, 그것은 내 마음의 본체인 양지를 실천하는 것이다. 그렇다면 격물은 심즉리고, 심즉리는 지행합일이고, 지행합일은 치양지며, 치양지는 성인 되기이다. 심즉리, 결국 내 마음이 이치인 것이다. 고로 마음 바깥에는 아무것도 없다.

죽음도 산 자의 길이다

1522년51세, 양명은 아버지 왕화의 부음을 듣고 고향으로 돌아왔다. 그리고 이후 6년여간 양명은 관직을 떠나 모처럼 여유롭게 강학 활동에 전념할 수 있었다. 사상적으로 이 무렵은 그의 치양지致良知설이 제창된 직후였다. 오랜 세월 자신을 괴롭혀 온 폐질환이 자주 재발하기는 했지만, 후학들과 함께 공동체 활동을 할 수 있었던 이 시기는 그의 생애를 통틀어 가장 평화로운 시절이었다.

1527년56세 여름, 양명은 조정으로부터 광서廣西 지역의 민란을 진압하라는 명령을 받는다. 양명은 자신이 이미 은퇴한 지 오래된 인물일 뿐 아니라 지금 현재의 건강으론 천리가 넘는 먼 길의 원정을 감당할 수 없다는 이유를 들어 명령의 철회를 요청했다. 하지만 양명의 요청은 받아들여지지 않았다. 그 이유는 양명이 그만큼 명성이 자자했던 대장군인 탓도 있지만, 다른 한편으론 여전히 양명을 제거하기 위해 기회를 노리는 세력들 때문이기도 했다.

양명은 어쩔 수 없이 출병을 준비해야 했다. 양명은 이번의 출병이 자신에게는 마지막 모험이 되리라는 것을 알았다. 그것은 단지 늙은 육신과 고질적인 병마 때문만은 아니었다. 어떤 형태로든 불화는 어느 한쪽이 사라지지 않는 한 끝나지 않을 것이었다. 어느 한쪽이 사라져야 한다면 그것은 어찌 됐건 그 자신일 수밖에 없었다.

양명은 광서성 전주田州·사은謝恩 지역의 민란을 훌륭하게 수습했다. 하지만 이 과정에서 병이 재발했다. 1528년57세 겨울11월, 귀향 중이던 양명 일행이 남안부南安府에 도착했다. 그리고 그날 밤 남안부 추관推官이던 제자 주적周積이 스승을 찾아왔다. 양명은 겨우 몸을 추스르고 앉았다. 쉴 새 없이 받은기침이 쏟아졌다. 기침 끝엔 붉은 피가 묻어났다. 걱정스러운 얼굴로 주적이 양명의 건강을 물었다. 양명은 자신의 병세가 매우 심각해서 아직 죽지 않은 것은 약간의 원기元氣뿐이라고 말했지만, 이렇게 말하면서도 웃음을 잃지 않았다. 제자는 물러나 약을 지어 바쳤다.

며칠 후 제자는 다시 스승을 찾아왔다. 그동안 스승의 병세는 더욱 악화되어 있었다. 제자가 차마 입을 열지 못하자 이번에는 양명이 먼저 물었다. "이곳이 어디냐?" 제자가 대답했다. "청룡포입니다." 양명은 대답 대신 입을 다물었다. 가야 할 길은 아직도 멀고 멀었다. 하지만 자신이 가야 할 길은 이제 다 온 것 같았다. 이튿날 양명은 다시 주적을 불렀다. 그러고는 이렇게 말했다. "나는 이제 가야겠다." 제자는 스승의 말뜻을 알아들었다. 제자는 북받치는 슬픔에 눈물을 흘리며 이렇게 말했다. "마지막으로 남기실 말씀을 알려 주십시오."

제자의 말에 양명은 희미하게 웃음을 지어 보였다. 그리고 보일듯 말듯 천천히 고개를 가로저었다. "나의 이 마음이 이렇게 훤히 밝아서 다 드러났는데 달리 더 무슨 말을 남기겠는가." 此心光明 亦復何言 이 말을 마지막으로 양명은 조용히 눈을 감았다. 그리고 숨을 거두었다.

이 마음이 환하게 밝다는 것. 이것은 평생 자신의 본심을 다해 살아간 자의 자부심이었다. 이것이 치양지다. 치양지한 삶에 후회나 미련은 없다. 치양지한 삶은 매 순간 자신의 선한 의지를 실천하는 삶이기 때문이다. 사는 동안 스스로 좋은 삶을 남김없이 실천한 사람에게 어떤 후회나 미련이 더 있을 수 있다는 말인가. 비유컨대 치양지한 삶은 매 순간 단 하나뿐인 길을 걷는 삶과 같다. 다른 길이 없는 삶을 살아온 어떤 사람에게 삶에 대한 후회가 있을 수 있겠는가.

그런 의미에서 양명에게는 죽음까지도 하나의 삶이었다. 다시 말해 죽음 이후가 따로 존재할 수 없다. 죽음의 순간에도(죽음 이후는 알 수 없다), 단 한번뿐인 선택의 길을 걷는 것! 그것이 치양지한 자가 죽음을 맞는 방식이다. 양명에게 삶과 죽음은 둘이 아니었다. 삶이란 생명의 현상이 육체를 통해 지속되는 차원에서 말하는 것일 뿐이고 죽음이란 그 생명 현상을 육신과는 다른 차원에서 말하는 것일 뿐이다. 매 순간 전면적인 실천을 통해 자신을 온전히 쏟아붓는 삶에 죽음 이후란 존재하지 않는다. 오직 지금이 있을 뿐!

1 심즉리 心卽理 : 내 마음이 우주다!

나는 마음이다

어느 날 혜가스님이 달마스님을 찾아왔다. "스님, 제 마음이 너무 괴로워서 수행이 잘 되지 않습니다." 혜가스님은 진심으로 괴로운 얼굴이었다. 달마스님은 고개를 끄덕이며 이렇게 대답했다. "내가 네 마음을 편안하게 해주겠다. 네 마음을 가져와라." 그 순간 혜가스님은 깨달았다. 거짓말처럼 너무도 순식간에, 그리고 너무도 간단하게 모든 것이 뒤집어진 것이다.

  수행자로서 혜가스님은 번잡하고 들쭉날쭉한 마음 때문에 '언제나' 괴로웠다. 혜가스님이 마음의 번뇌로 괴로웠던 것은 거짓이 아니다. 하지만 혜가스님이 어떤 '해법'을 찾고자 한 순간, 혜가스님에게 마음은 마치 치료해야 할 질병처럼 그 자신과 분리되어 버렸다. 괴로운 마음이 나와 분리되어 마치 나를 괴롭히는 어떤 실체처럼 여겨졌던 것. 하지만 이때 괴로운 마음을 보고 있는 이 스님은 누구인가. 조금 전까지 "마음이 괴롭다"라고 말한 스님과 같은 사람인가 아닌가. 괴로운 나는 누구이고 괴로운 나를 보고 있는 나는 누구인가.

운 좋게도 혜가스님은 달마스님을 만나 깨달음을 얻었다. 하지만 혜가스님이 던진 물음은 여전히 남겨져 있다. 마음이란 무엇인가. 마음은 실체가 없다. 하지만 실체도 없으면서 불쑥불쑥 튀어오르는 마음의 여러 작용들은 또한 분명히 있다. 이런 상황에서 기껏 마음이란 실체가 아니라는 말만으로 문제가 해결될 리 없다. 따지고 보면 달마스님 또한 어떤 대답을 준 건 아니지 않은가. 스승은 그저 제자가 스스로 깨닫도록 이끌었을 뿐이다.

양명의 철학은 '마음이 곧 이치'$_{心卽理}$라는 용장에서의 유명한 선언으로부터 시작되었다. 양명은 '마음이 이치'$_{마음=이치}$라는 이 말을 바탕으로 자신만의 지반을 마련했다. 양명의 철학이 심학$_{心學}$, 즉 마음 철학이라고 지적받는 것에는 그럴 만한 이유가 있다. 세상의 이치$_{理}$를 추구하는 학문 풍토에서 그러한 이치를 마음이라고 말했기 때문이다. 마음은 양명 사유의 출발인 동시에 수행의 과정이자 종착이었다.

양명뿐 아니라 동아시아 지성사에 있어 마음은 오랫동안 중요한 문제였다. 마음은 유학은 물론이고 불교나 도교에서도 핵심이자 수행의 요체였다. 요컨대 마음 자체가 양명 철학을 통해 등장한 새로운 주제는 아니었다는 말이다.

하지만 그럼에도 분명 양명 철학에서 강조되고 있는 마음 문제는 특별했다. 양명은 심즉리 心卽理를 주장한 이래 줄기차게 그리고 일관되게 마음의 문제를 물고 늘어졌다. 마음은 양명을 통해 새롭게 제기된 주제는 아니지만, 양명을 통해 새로운 문제로 구성되었다. 간단히 말하면 양명 심학 心學의 핵심은 삶의 이치를 마음에서 찾는다는 것이다. 하지만 어떻게 마음이 이치라는 말인가.

세상의 이치가 이미 나에게 갖추어져 있다는 양명의 말은, 듣기에 따라 모든 일은 나 하기에 달려 있다는 말처럼 들린다. 그런데 정말 그런가? 마음을 고쳐먹으면 이제까지 모든 일이 해결되는가? 하지만 마음을 고쳐먹는다고 가난한 사람의 지갑이 저절로 채워질 리는 없지 않은가. 어떻게 마음을 먹으면 나는 당장 먼 곳에 여행을 갈 수 있는가?

마음이란 무엇일까? 무슨 물건처럼 만질 수 있는 것도 아니고 본 적도 없지만, 그렇다고 없다고 말할 수도 없는 그런 것? 말하려 하면 할수록 더 모호해지는 무엇? 굳이 말한다면 그저 느낀다는 말 정도로나 형용할 수 있을까. 느낌이 마음인가? 그렇다면 느낌이 곧 이치라는 말인가? 하지만 양명이 말하는 마음은 생각이나 느낌이 아니다. 마음을 생각과 유사한 어떤 것으로 여기는 건 우리가 인간을 육체와 정신으로 나누는 데 익숙해져 있기 때문이다. 하여 물질적인 차원의 몸과 대비하여 나머지 모든 것을 정신의 작용으로 여기는 것이다.

하지만 '마음이 곧 이치'라고 말할 때 양명은 마음의 존재적 성격을 규정하고 있는 것이 아니다. 양명은 삶 속에서 어떻게든 행위하지 않을 수 없는 것으로서 마음의 역할을 강조했다. 사람들은 저마다 처지가 다르다. 공통되는 것이 있다면 그 제각각인 처지 위에서 누구나 '나'로서 살아가고 있다는 사실이다. 상황은 다르지만 어찌 됐건 출발은 하나다. 사람은 누구나 각자의 조건에서 자신의 삶을 살아간다. 모든 경우에 적합한 단일한 행위는 있을 수 없지만, 모든 일은 '나'를 떠나 존재할 수 없다는 사실 또한 분명하다. 내 삶의 출구를 나 바깥에서 찾을 수는 없다는 것. 이때 '나'라고 불리는 그것이 양명이 말하는 마음이다.

양명은 마음을 '나'와 분리된 것으로 여기지 않는다. 즉 양명 철학에서 마음은 대상화되지 않는다. 마음은 객관적이고 실체적인 '무엇'이 아니다. 마음은 나의 육체와 분리된 어떤 정신적(대상화된) 작용이 아니다. 마음을 떼어내 놓고 이 마음을 말할 수 있는 '나'라는 것이 따로 있을 수 없다. 고정적이지 않고 유동적인 상황과 조건 속에서 몸과 물과 사건과 더불어서만 말할 수 있는 것이 마음이다.

양명은 말한다. 우리는 눈, 귀, 입, 코 등의 신체(몸)를 통해 보고, 듣고, 말하고, 냄새 맡는 행위를 하는 것이 아니라, 마음으로 보고, 듣고, 말하고, 냄새 맡는다고. 양명에게 마음은 몸과 분리되지 않는다. 몸을 말할 때에도 마음은 거기에 있고, 마음을 말할 때에도 몸이 사라지는 것은 아니다. 마음이 몸이다. 몸이 형질과 육체의 차원을 일컫는 것이라면 마음은 그러한 몸을 주재(주관)하는 측면을 일컫는 것이다. 그렇다면 마음이란 실로 나를 나라고 말할 수 있는 모든 것인 셈이다. 마음은 곧 나다. 나는 마음이다.

'심즉리'와 '성즉리'

내가 곧 마음이라면, 마음이 곧 이치라는 양명의 말은 내가 곧 이치라는 말이 된다. 마음이 이치라는 말도 어려운데 내가 이치라니, 설상가상이다.

한편 모든 것을 마음의 문제로 이해한다는 점에서 양명의 철학은 종종 유심론唯心論으로 평가되곤 한다. 유심론은 감각으로 지각할 수 없는 어떤 실재를 긍정하고 나아가 이로부터 세계가 존재한다고 여기는 사고 형식 일반을 지칭하는 철학의 한 범주다.

하지만 동아시아 사상은 전통적으로 마음의 문제를 유물론과 대비하여 취급하지 않았다. 예컨대 양명에게 마음의 문제가 중요했던 이유는 그것이 물질과 대비하여 더 일차적이라거나 더 중요한 무엇으로 간주되었기 때문이 아니다. 마음은 물질과 대비되는 의미에서의 관념적인 무엇이 아니며, 육신과 대비되는 것으로서의 정신적인 측면만을 가리키는 것도 아니다. 마음은 육신 대 정신이라는 이원화된 구도를 근본적으로 넘어서는 본질적인 것이다. 즉 마음은 몸과 분리되지 않는다. 오히려 마음은 물질(까지)을 포함하는 것이라고 말할 수 있다.

주자학과 양명학이라는 대립 구도의 중심에는 결국 마음의 문제가 놓여 있다. '주자의 성즉리性卽理인가 아니면 양명의 심즉리心卽理인가'라는 것. 하지만 성性이나 심心이나 결국 큰 틀에서 보자면 모두 마음이라는 점에서 본질적으로 차이가 없다. 성性은 인간의 마음 가운데 정묘한 본성(심성心性)을 가리킨 것이기 때문이다. 이쯤 되면 성즉리와 심즉리는 마치 이치를 사이에 놓고 마음心과 성性이 대결하는 모습처럼 보인다. 즉 이치는 성인가 심인가라는.

요컨대 주자학과 양명학의 차이는 작다면 작은 것이다. 하지만 중요한 건 차이의 크기가 아니다. 이들의 사상이 큰 틀에서는 유학 내의 문제에 불과할 뿐이고 따라서 양명학은 결국 주자학의 다른 버전일 뿐이라는 평가는, 이들의 차이가 갖는 문제적 성격을 낙관적으로만 이해한 결과다. 양명도 고백했듯, 차이의 출발은 미세한 터럭 끝만 한 것에 지나지 않았다. 하지만 끝내 그 작은 차이를 외면하지 못한 이후 이들의 차이는 하늘과 땅만큼 벌어져 버렸다.

성즉리와 심즉리의 문제는 단지 성과 심이 어떻게 다른가를 밝히는 것으로는 해결되지 않는다. 성즉리와 심즉리에서 핵심은 오히려 성과 심이 아니라 리(이치)에 있다. 이치理를 어떻게 이해하는가에 따라 사유의 기반이 성性인가 심心인가로 나누어지는 것이지 그 역은 아니다.

성즉리와 심즉리에서 이치는 어떻게 다른가. 주자학에 따르면 세상의 모든 것物에는 고유한 이치理가 있다. 이것이 현상氣에는 반드시 그것이 그렇게 현상하게 되는 이유가 있다는 주자 특유의 이기론理氣論적 사유이다. 이치는 사물의 고유한 존재 이유이며, 따라서 변하지 않는다. 인간 역시 하나의 물物,존재이다. 따라서 인간도 이치가 있다. 인간의 존재 이유, 즉 인간의 이치를 주자학에서는 성性이라고 보았다. 인간의 성性은 하늘로부터 명命받은, 그 자체로 참된 것(이치)이다. 즉 성이 곧 이치인 것이다.

이처럼 사람은 누구나 이치로서의 고유한 본성을 지니고 있다. 사람은 그 본성을 잘 지키며 살거나 아니면 회복하려고 노력해야 한다. 본성을 잘 지키며 사는 것이 이치에 맞는 삶이기 때문이다. 그런데 어떻게 사는 것이 본성을 지키며(혹은 본성에 따라) 사는 것일까. 이 물음은 결국 본성이 무엇인가, 라는 물음으로 되돌아온다. 본성이 무엇인지 알아야 그 본성에 따른 삶을 살아도 살 것이고, 살아가려고 노력이라도 하게 될 것이기 때문이다.

주자학은 사람의 본성에는 본연 그대로의 성본연지성과 기질적인 성기질지성 두 가지가 있다고 말한다. 본연의 성은 사람이면 누구나 갖고 있는 보편적인 것이고, 기질의 성은 각자 타고난 차이로부터 유래하는 특수한 것이다. 이상적인 것은 물론 보편적인 본연의 성을 좇아 사는 것이다. 본연의 성은 절대적으로 순수하기 때문이다. 하지만 사람은 가만히 놔두면 기질을 따르게 되어 있다. 하여 본연의 성을 추구하기 위해서는 각자 부단히 노력하지 않으면 안 된다. 태어난 그대로 놔두면 되는 게 아니라 배우고 익히는 수신修身이 강조되는 것은 이런 이유 때문이다. 그런 점에서 볼 때, 주자학은 본연의 성을 '회복'하기 위한 학문이라고 할 수 있다.

완전한 본성은 누구나에게 내재한 것이지만, 보통의 사람들은 그 본성대로 살지 못하고 있다. 태어날 때의 기질적인 것 때문이든, 성장 과정에서의 환경적인 조건들 때문이든 어찌 됐건 사람들의 지금 현재는 순수·순정한 '성'에서 많든 적든 불순해져 있다. 수양(수신)은 현재의 불순한 나와 본래적인 순수한 성 사이의 간격을 좁히는 길이다. 그런데 이렇게 말해지는 순간, 주자는 어느새 이데아와 흡사한 무엇을 제안하고 있는 셈이다. 왜냐하면 순정의 성은 변하지 않고 언제나 거기 어딘가에 있는 것이기 때문이다. 우리는 성性을 향해 나아갈 수는 있지만 결코 완전하게 도달할 수는 없다.

주자학의 입장에서 볼 때, '마음이 곧 이치'라는 양명의 주장은 엉터리다. 왜냐하면 양명의 말은 마음과 이치에 관한 전제를 위배하고 있기 때문이다. 즉, 이치란 불순함 없이 자명하고 깨끗하며 불변의 진리를 가리키는 것인데, 마음心은 깨끗한 본성性뿐 아니라 변화가 심한 감정情까지를 포함하는 총칭인 것이다. 어떻게 마음이 이치가 될 수 있는가. 어떻게 마음을 이치와 동급으로 취급한단 말인가.

어떤 사람이 물었다. "회암晦庵 선생주자은 '사람이 학문으로 삼는 것은 마음과 리心與理일 뿐이다'라고 말했는데, 이 말이 어떻습니까?"
(양명 선생께서) 대답하셨다. "마음이 곧 본성이고心卽性, 본성이 곧 리性卽理다. ('심여리'心與理의 중간에) 하나의 '여'與 자를 넣은 것은 아마도 (심과 리가) 둘로 나눠지게 되는 걸 면하지 못하는 듯하다. 이것은 학문하는 사람들이 잘 살펴보아야 한다." 「육징의 기록」陸澄錄

인용문에서 보듯, 양명의 심즉리마음=이치는 본래 주자의 성즉리성=이치와 대비되는 말이 아니다. '마음이 곧 이치'심즉리라는 말과 상대되는 것은 '마음과 이치'심여리였다. 다시 말해 양명이 심즉리를 통해 말하고 싶었던 것은 마음과 이치는 분리되지 않는다는 사실이었다.

주자학에서 마음은 순수한 본성과 상대적으로 덜 순수한 감정의 총체로 파악된다. 하여 이치의 순결을 보장하는 것은 감정을 포함하고 있는 것으로서의 마음이 아니라 마음 중에서 가장 순정한 것만을 가리키는 성이어야 했다. 하지만 양명의 생각에는 마음을 떠나 말할 수 있는 이치라는 건 없었다. 하여 양명학에서는 마음과 이치를 분리시켜 논의하는 것 자체가 거부된다. 마음이 곧 이치라는 양명의 말은 마음의 순수성을 강조하는 데 주안점이 있었던 것이 아니라, 마음과 이치의 분리불가능함을 강조하는 데 있었기 때문이다.

마음은 거울이다

주자라고 해서 마음과 이치를 둘로 나누어야 한다고 주장했던 것은 아니다. 마음과 이치가 하나인가 둘인가에 관한 대답은 주자에게는 없다. 왜냐하면 이 문제는 주자에게는 전혀 논의할 거리가 아니었기 때문이다. 주자는 단지 본성의 순정함을 통해 수신學問의 이론과 근거를 추론해 나아갔을 뿐이다.

주자에게 성性은 마음이 주관하는 한 측면이었다. 주자는 북송대의 선배학자인 장횡거張橫渠, 장재의 말을 빌려 마음은 성性과 정情을 주재(주관)하는 것이라고 생각했다. 그런데 마음이 주재하는 한 측면에 불과한 성性이 주자학에서는 마음의 순수한 본체이다. 그러므로 성이 곧 이치라는 말은, 마음의 순수한 본체에서 인간 존재의 이치를 발견한다는 말이었다. 본성性과 이치理는 이렇듯 불변의 순수·순정함이라는 차원에서 동일화되었다.

그러므로 심즉리와 성즉리는 전제부터가 다르다. 최소한 양명 철학에서 마음은 성과 정을 통합한 것을 가리키지 않는다. 마음은 성과 정으로 나누어지지 않는다. 마음을 불변하고 순정한 측면에서 말한 것이 성이라면, 마음을 기질적인 측면에서 일컬은 것이 정이다. 요컨대 성도 마음이고 정도 마음이다. 이렇듯 마음이란 모든 것에 앞서는 본질적인 것이면서 또한 기질적인 양태로 포착되는 것이었다.

이치는 반드시 이러한 마음으로서만 존재한다. 이치는 고정된 것이 아니며, 따라서 미리 결정되어 있지도 않다. 왜냐하면 마음은 늘 변하기 때문이다. 즉 마음은 한순간도 똑같이 존재하지 않는다. 그러므로 마음에서 이치를 구하려면 매번 다시 시작하지 않으면 안 된다. 이치는 반복불가능한 매 순간들 속에서 우연적이고 일회적으로, 마음으로 포착된다.

물론 양명은 유학자다. 양명에게 송·명 시대의 유학자들에게 공통적인 바탕이 없을 리 없다. 즉 양명에게도 리理는 불변의 것이고 하나다. 다만 양명에게 리는 유일무이하고 반복불가능하다는 점에서 변하지 않는 단 하나였다. 마음에는 단 하나의 이치가 있을 뿐이다.

그러므로 양명에게는 이치가 어디에 있는 것이냐는 물음 자체가 불가능하다. 이것이 이치와 관련해 주자와 크게 다른 점이다. 주자에게 이치는 물物에 내재되어 있는 고유하고 불변의 것이었다. 하지만 양명에게 이치理는 어디에 있는 것이 아니다. 양명이 '마음이 이치'심즉리라고 말했다 해서 이치를 마음 안에 내재되어 있는 '무엇'이라고 생각해서도 안 된다. 심즉리란 이치가 어딘가에 따로 존재하는 것이 아니라 마음을 통해 드러나는 것임을 의미한다. 그러므로 물어야 하는 것은 이 마음이지 저 이치가 아니다. 이치는 반드시 '이 마음'으로만 발현된다.

어떻게 그 많은 것들을 (미리) 연구할 수 있겠는가? 성인의 마음은 거울明鏡과 같다. 다만 이 하나의 마음이 밝기만 하면 느끼는感 것에 응應하여 어떤 사물도 비추지 않는 것이 없다. 이미 지나가 버린 형상을 여전히 남겨 두지도 않으며, 아직 비추지 않은 형상을 먼저 갖추고 있지도 않다. 그런데도 후세 사람들은 도리어 그와 같이 (성인은 사태에 앞서 미리 연구한다고) 말하니, 그 때문에 성인의 학문과 크게 어긋나게 되었다. 주공周公이 예악을 제정하여 세상 사람들에게 알린 것은 성인이라면 누구나 할 수 있는 일인데, 요임금과 순임금은 어찌하여 그것을 전부 다하지 않고 주공을 기다렸는가? 공자가 '육경'을 산술하여 만세에 가르침을 드러낸 것도 성인이라면 (누구나) 할 수 있는 일인데, 주공은 어찌하여 먼저 그것을 하지 않고 공자를 기다렸는가? 여기서 (우리는) 성인은 그러한 시대를 만나야 비로소 그러한 사업이 있게 된다는 것을 알 수 있다. 다만 거울이 밝지 않을까 염려할 뿐이지, 사물이 오는 것을 비출 수 없을까 염려하지 않는다. 사태의 변화를 연구하는 것도 물론 때에 부합하여 마땅히 해야 하는 일을 비추는 것이다. 그러나 학문하는 사람들에게는 반드시 (마음을) 밝게 하는 공부가 먼저 있어야 한다. 학문하는 사람들은 오직 이 마음이 밝지 못할까 근심할 뿐이지, 사태의 변화를 모두 연구할 수 없을까 근심하지 않는다. 「육징의 기록」

양명에게는 마음이 '무엇'이냐는 질문이 없다. 마음은 '무엇'이 아니기 때문이다. 대신 양명은 마음이 어떤 것인지 묻는다. 그리고 양명은 마음이 어떠해야 하는지 대답한다. 양명은 마음을 종종 거울에 비유해 설명하곤 했다. 거울의 이치는 비추는 것이다. 이때 '비춤'이라는 이치는 거울에게 있는 것인가? 거울의 이치가 '비춤'이라는 사실을 알 수 있는 것은 거울이 비추는 작용을 하기 때문이다. 즉 비춤 행위로서만 비춤이라는 이치가 있음을 안다. 비추는 행위가 없는 '비춤' 자체란 없다.

거울에게 중요한 건 비춘다는 것이다. 아니, 비춤을 통해서만 거울은 거울이 된다. 자신이 무엇을 비추어야 할지 거울은 알 수도 없고 선택하는 것도 아니다. 거울이 스스로 자신이 비추어야 할 목록들을 미리 점검하고, 대상들을 목록화하여 표로 만들어 놓고, 비춤 행위가 필요할 때마다 데이터베이스를 활용하여 각각의 대상들에 최적화된 비춤 서비스를 제공하는 것은 불가능하다. 거울은 단지 비추어야 할 때 비출 뿐이다.

마음도 마찬가지다. 마음은 무언가를 미리 준비해 놓는 것이 아니다. 어떤 사태나 상황이 발생할지 미리 예측할 수 없다. 마음은 단지 그 매 순간 상황들에 대해 가장 마땅한 해답을 찾아내는 것이어야 한다. 그런 점에서 마음은 거울과 같다. 제대로 비추어 내야 한다는 점에서. 미리 무언가를 준비해 놓는 것은 오히려 곤란하다. 매 상황 매 사건 속에서 최적화하는 방식으로 마음은 드러난다. 그렇기에 마음은 아무것도 미리 준비되지 않는다는 점에서 없는 것無이라고 말할 수도 있고, 또한 모든 상황에서 드러난다는 점에서 모든 것全이라고 말할 수도 있다. 마음은 아무것도 아니면서 모든 것이다! 마음은 아무것도 아님으로써 자기를 갖지 않고, 모든 것을 비춤으로써 자기를 넘어선다.

2
격물格物 :
나와 세계는 어떻게 만나는가

삼강령과 팔조목

어쩌면 우리는 마음이라는 말에서 심리학이나 기타 정신의 작용 혹은 뇌과학 같은 것을 떠올릴지도 모르겠다. 하지만 동아시아 사상사에서 마음心은 다른 무엇보다 수행修行의 주제였다.

   동아시아에서 마음의 문제를 본격적으로 다룬 최초의 인물은 전국시대의 사상가 맹자孟子였다. 맹자는 사람의 본성을 인仁·의義·예禮·지智에서 찾고, 이러한 네 가지 본성을 마음을 통해 증명했다. 이것이 유명한 사단설四端說이다. 사람에게는 자기 아닌 다른 사람의 불행에 대해 동정과 연민을 느끼는 마음이 있으며(이것이 인仁의 증거다), 스스로 생각하기에 부당하다고 느끼는 일에 대해서는 부끄러움을 느끼는 마음義이 있으며, 상대를 배려하고 사양할 줄 아는 마음禮 및 어떤 선택을 위해 옳고 그름을 판단할 줄 아는 마음$_{智}$이 있다는 것.

하지만 이러한 네 가지 마음은 본성을 확인시켜 주는 아주 작은 싹에 불과하다. 싹을 가지고 있다는 사실보다 중요한 것은 이 작은 싹을 어떻게 키워 나갈 것인가이다. 이 대목에서 마음의 문제는 인간의 삶을 기르는 수행의 문제로 연결된다. 이 작은 싹을 제대로 키워 내는가 못 하는가가 사람의 사람다움을 결정하는 것이기 때문이다. 맹자는 "사람이 금수와 다른 점은 아주 미미한 정도"라고 했다. 요컨대 사람이 사람'답게' 되는 것은 생각보다 미세한 차이에서 출발한다.

『맹자』의 마지막 편은 '마음을 다하는'$_{盡心}$ 문제였다. 마음을 전력으로 기울이기 위해 우리는 각자의 기질이나 환경·습속 등에 의해 잃어버린 마음을 되찾고 그 마음을 잘 길러야 한다. 어떻게? 바로 여기에 학문, 즉 배움$_{學}$과 물음$_{問}$의 중요성이 있다. 우리는 배우고 묻는 행위를 통해 잃어버린 마음을 되찾을 수 있다. 다시 말해 사람은 그저 가만히 숨을 쉬는 것으로서가 아니라 스스로 배우고 또 묻는 행위를 통해 본성이 잘 자라날 수 있도록 마음을 길러야 한다. 마음을 잘 기름으로써 사람은 비로소 사람답게 된다.

양명의 철학에서도 마음의 문제는 배우고 묻는 행위와 연관되어 있다. 이 지점을 좀더 자세히 이해하기 위해서는 『논어』, 『맹자』, 『중용』과 함께 사서$_{四書}$라는 이름으로 불리는 『대학』이란 책에 대해 살펴볼 필요가 있다. 『대학』은 학문하는 목적과 방법에 관해 논술하고 있는 유학의 기본서이기 때문이다.

본래 『대학』은 『예기』라는 책에 실려 전하는 짧은 글이었다. 즉 『예기』의 한 편篇에 해당한다. 그런데 이러한 『대학』이 독립된 한 권의 책으로 유학의 기본서가 될 수 있었던 것은 전적으로 주자 때문이었다. 주자는 『예기』의 「대학」大學편을 떼어 내어, 장과 구를 새롭게 구분한 후 주석을 달았다. 주자가 『대학』에 주목했던 이유는 『대학』이 학문의 근본과 학문하는 방법을 논하는 책이었기 때문이었다.

『대학』은 크게 총론에 해당하는 경經 부분과 경의 내용을 풀이하는 형식의 전傳 부분으로 구성되어 있다. 내용적으로는 세 개의 강령三綱領과 여덟 개의 조목八條目이 기본이다. 삼강령이 학문하는 이들이 품어야 할 공부의 목표(비전)라면, 팔조목은 삼강령에 이르는 구체적인 방법들에 해당한다.

삼강령은 첫째, 밝은 덕을 밝히는 것(명명덕明明德), 둘째, 백성을 새롭게 하는 것(신민新民), 셋째, 지극한 선에 머무는 것(지어지선止於至善)이다. 명덕을 밝힌다는 것은 자신의 본성을 잘 드러내는 것이 학문하는 목표라는 뜻이다. 백성을 새롭게 한다는 것은 학문의 공이 나 이외의 다른 이들에게도 두루 미쳐야 한다는 뜻이며, 지극한 선에 머문다는 것은 학문을 통해 명명덕과 신민하는 마음을 변치 않고 유지해야 한다는 뜻이다. 삼강령은 현대인들의 학문하는 목표와 비교해 볼 때 시사하는 바가 크다.

팔조목은 평천하平天下－치국治國－제가齊家－수신修身－정심正心－성의誠意－치지致知－격물格物이다. 제 한 몸을 닦는 데서 출발해 집안과 나라와 천하를 다스리는 데로 나아간다는 유학의 입신양명을 일컫는 '수신제가치국평천하'는 바로 이『대학』의 팔조목에 있는 말이다. 그런데 사실 팔조목에는 수신제가치국평천하 말고도 네 가지가 더 있다. 마음을 바르게 하고(정심), 뜻을 정성스럽게 하며(성의), 앎을 투철하게 하고(치지), 물을 격格한다는 것(격물).

격물치지

오늘날 우리들이 사서라고 부르는 네 권의 책은 비록 주자가 직접 저술한 책은 아니지만 사실상 주자의 책이라 불려도 크게 잘못된 말은 아니다. 주자는 예로부터 전해 내려오는 주석들을 모으고 이들 중에서 장단점을 모아 정리하고 뜻을 밝히는 주석의 대가였다. 하여 주자는 단지『예기』속에 전하는「대학」=고본 대학 을 단순히 절취하여 표지만 만들어 붙여 책으로 출판한 것이 아니라, 독창적으로 장章과 구句를 나누고 문장의 순서도 재배치하였다. 이 과정을 통해『예기』속의 옛날「대학」은 새로운 텍스트『대학』으로 다시 태어난 것이다.

주자는 죽기 사흘 전까지도『대학』의 주석을 수정할 정도로『대학』책에 많은 애정을 기울였다. 주자는『대학』의 삼강령은 대학 즉 큰 배움의 목표이며, 팔조목은 삼강령에 이르는 여덟 단계의 학습 방법이라고 보았다. 요컨대 학문에 뜻을 둔 사람은 팔조목을 하나씩 성취함으로써 궁극적으로 큰 학문의 목표인 삼강령에 도달하게 된다.

배우는 사람이 밟아야 할 여덟 단계는 천하를 평정하는 것(평천하), 나라를 다스리는 것(치국), 가문을 안정시키는 것(제가), 몸을 수양하는 것(수신), 마음을 바르게 하는 것(정심), 뜻을 정성스럽게 하는 것(성의), 앎에 투철해지는 것(치지), 그리고 '물을 격하는 것'(격물)이다. 가만히 보면 천하보다는 국가가 작고, 국가보다는 가문이 작고, 가문보다는 몸이 작다. 그러므로 작은 데서 시작해 큰 것으로 나아가야 한다. 즉 격물은 공부의 출발이 되는 셈이었다.

그런데 주자는 이 대목에서 예상치 못한 문제에 당면하게 된다. 전해 오는 '고본 대학' 속에 격물과 치지 부분에 관한 더 이상의 언급이 없었던 것이다. 요컨대 삼강령과 팔조목에 관해 풀이하고 있는 전(傳) 부분에는 다른 조목들에 관해서는 모두 설명이 있지만 격물과 치지 부분만 설명이 없는 것이었다. 주자로서는 난처한 일이 아닐 수 없었다. 궁극의 최종 단계인 평천하로 나아가려면 제일 기본이 되는 격물에서 시작해야 하는데, 막상 격물이 무엇이고 어떻게 하는 것인지를 말해 주는 부분이 없다면 공부의 출발을 설명할 수 없게 돼 버리기 때문이었다.

다른 부분에 대한 설명은 모두 있지만 격물과 치지 부분이 없는 상황. 주자는 이것을 『예기』가 전승되는 과정에서 발생한 실수 때문이라고 여겼다. 오랜 세월을 거쳐 전승되는 과정에서 순서가 뒤섞이거나 기록된 죽간 조각이 빠뜨려지는 경우는 종종 있었다. 그것이 아니라면 상식적으로 삼강령과 팔조목 중 격물과 치지 부분만 설명이 누락될 이유가 뭐란 말인가.

'격물치지'에 대한 주자의 고민은 깊고 컸다. 그리고 마침내 그가 도달한 결론은 담대하고 파격적인 것이었다. '잃어버린' 부분을 직접 저술해 채워 넣는 것! 주자는 자신이 작성한 '격물치지'에 관한 한 편의 글을 짓고, 이를 새로 편집한 『대학』 속에 삽입하여 출판했다. 성현의 글에 주석이 아닌 저술을 삽입해야 했을 정도로 주자에게 『대학』이라는 텍스트가 갖는 중요성과 '격물치지장'이 갖는 상징성은 크다. 어찌 됐건 이후 유학은 주자의 '격물치지장'을 『대학』의 일부분으로 받아들였다.

이른바 치지致知가 격물格物에 있다는 것은 내 앎의 도달함이 물物에 나아가 그 이치를 궁구하는 데 있음을 말한다. 대저 인심의 영묘靈함은 앎이 없지 않고, 천하의 사물은 이치가 없지 않다. 다만 이치를 아직 다 궁구치 못했기 때문에 그 앎이 다하지 못한 게 있는 것이다. 이런 까닭에 대학의 가르침을 시작할 때는 반드시 배우는 자로 하여금 천하의 사물에 나아가 (자신이) 이미 알고 있는 이치를 바탕으로 더욱 궁리하여 그 극(극한의 원리)에까지 이르기를 구하도록 하는 데에 있다. 그렇게 힘을 쓰는 것을 오래 하게 되면 어느 순간 활연관통豁然貫通하게 된다. 그렇게 되면 모든 낱낱 사물의 겉과 속 그리고 정묘함과 거칠음 등에 이르지 못하는 게 없고 내 마음 전체의 큰 작용이 밝지 않은 것이 없다. 이것을 일컬어 물격物格이라 하며, 이것을 일컬어 앎이 지극하게 되는 것知至이라 한다. 주자, 「격물치지 보망장」格物致知補亡章

주자가 저술해 밝힌 격물치지의 핵심은 무엇인가. 주자는 세상의 모든 물物에는 저마다 고유한 이치理가 있으며, 사람의 지성은 이러한 세상의 이치를 파악할 수 있다고 생각했다. 사람들이 세상의 이치를 다 파악하지 못하는 것은 아직 이치를 철저히 궁리하지 않았기 때문이다. 다시 말하면 사람들은 스스로 이치를 깨닫기 위해 부단히 노력해야 한다. 이것이 격물을 통해 치지하는 것, 즉 학문의 시작인 것이다.

격물格物이란 문맥 그대로 풀면 '물物을 격格한다'는 말이다. 주자는 격물의 격格 자를 '이르다至·도달하다達'의 의미라고 보았다. 이렇게 되면 격물은 '물에 이르다', 혹은 '물에 나아간다'는 뜻이 된다. 왜 물에 나아가야 하는가. 물에 있는 이치를 깨닫기 위해서다.

주자가 격물과 치지를 이렇게 생각한 것은 『대학』의 여덟 조목을 작은 것으로부터 큰 것으로 나아가는 단계적인 것이라고 파악했기 때문이다.

(格)物 → (致)知 → (誠)意 → (正)心 → (修)身 → (齊)家 → (治)國 → (平)天下

요컨대 주자는 학문의 방향이 물物과 앎知과 생각意과 마음心과 몸身과 집家과 나라國와 천하天下까지 작은 것에서 큰 것으로 발전해 나가는 순서라고 보았다. 이렇게 본다면 격물은 학문의 가장 작은 단위에서 실천

해야 할 출발점이자 입구가 된다. 물을 격하는 것을 통해 학문은 세상과 처음 마주치게 되는 것이다. 이후 격물에서 치지로, 치지에서 성의로, 성의에서 정심으로, 수신제가치국평천하로 학문은 큰 목표를 향해 발전한다. 낱낱의 사물에서 천하까지.

물物은 일事이다

넘치는 재능을 미처 다스리지 못했던 십대 후반에 양명은 노학자인 누일재의 격물 강의에 크게 감동받은 적이 있었다. 누일재의 강의는 학문의 참된 의미가 격물을 통한 자기 수양에 있다는 것이었다. 아울러 누일재는 재능이 넘치는 젊은 영재를 향해 학문의 길은 지리할 정도로 꾸준하면서도 묵묵한 탐구에 있음을 당부했던 것이다. 다소 엉뚱하긴 했지만 양명의 대나무 격물은 누일재와의 이러한 만남의 결과였다.

   앞에서 살펴본 바와 같이 양명의 대나무 격물은 실패로 끝났다. 그런데 양명은 왜 대나무를 일주일간이나 바라보고도 대나무의 이치를 구하지 못했던 것일까. 과연 양명의 말대로 성인이 되기에 부족한 그릇이었기 때문일까. 일주일이 아니라 더 오랜 시간을 들였다면 가능했을까. 아니면 다른 이유가 있었던 것일까. 우리는 양명의 이 일화를 다시 질문해 볼 필요가 있다. 대나무 격물은 물에 나아가 반드시 이치를 깨치겠다는(즉 앎을 이루겠다는) 양명의 순수한 열정과 우직한 성품을 증명하는 사건이었을 뿐 그 이상도 이하도 아니다.

양명이 태어나 성장했던 명나라는 주자학의 시대였다. 하지만 주자 사후 300여 년이 지나는 동안 주자학은 주류학문으로서 권위가 높아지는 만큼 다른 한편에선 교조화되고 우상화되어 가고 있었다. 주자에 대한 존경은 주자의 학문을 의심조차 할 수 없는 숭배의 대상으로 만들었고 그럴수록 학문은 현실로부터 멀어져 갔던 것이다. 그것이 주자의 본래 취지는 아니었겠지만 어찌 됐건 '이치란 물에 고유한 것'이라는 주자의 격물설이 그 배경에 깔려 있는 것 또한 부정할 수 없는 사실이었다.

용장에서 터진 양명의 깨달음은 바로 주자의 격물설에 대응되는 사건이었다. 이치는 물에 내재한 것이 아니라는 것. 어느 경우든 물의 이치는 나(의 마음)를 떠나 존립할 수 없다는 것. 이치는 물에 있다기보다 오히려 내게 있다는 것. 이때 양명이 말하는 '나'는 이치를 깨닫는 토대이자 마음과 분리될 수 없는 존재로서의 '나'이다. 요컨대 양명에게 이치는 나의 마음으로서만 밝혀진다. 마음을 떠난 이치는 존재하지 않는다. 이치는 물에서 찾아야 할 무엇이 아니라 마음에서 밝혀져야 할 올바름인 것이다.

서애가 물었다. "예컨대 부모를 섬기는 효도, 임금을 섬기는 충성, 벗과 사귀는 믿음, 백성을 다스리는 어짊 등 그 사이에는 수많은 이치가 있으니, 또한 살피지 않을 수 없을 듯합니다."
(양명) 선생께서 탄식하며 말씀하셨다. "그러한 학설의 폐단이 오래되었

으니, 어찌 한마디 말로 깨우칠 수 있겠는가. 우선 (그대가) 질문한 것에 나아가 말해 보자. 가령 부모를 섬기는 경우 부모에게서 효도의 이치를 구할 수는 없고, 임금을 섬기는 경우 임금에게서 충성의 이치를 구할 수는 없으며, 벗과 사귀고 백성을 다스리는 경우도 벗과 백성에게서 믿음과 어짊의 이치를 구할 수는 없다. 모두가 다만 이 마음에 있을 뿐이니, 마음이 곧 리理다. 이 마음이 사욕私慾에 가려지지 않은 것이 바로 천리天理이니, 밖에서 조금이라도 보탤 필요가 없다. 이 순수한 천리의 마음을 부모를 섬기는 데 드러낸 것이 바로 효도고, 임금을 섬기는 데 드러낸 것이 바로 충성이며, 벗과 사귀고 백성을 다스리는 데 드러낸 것이 바로 믿음과 어짊이다. 다만 이 마음에서 인욕을 제거하고 천리를 보존하는 데 힘쓰기만 하면 된다." 「서애의 기록」

대나무 격물을 실천했던 시기로부터 20여 년이 지나 양명이 도달한 격물설은 물物의 의미를 새롭게 해석하고 있다. 양명은 낱낱의 사물이 아니라 마음이 닿아 있는 것이 물物이라고 말했다. 이때 포인트는 당연히 마음이다. 내 마음이 부모를 섬기는 데 닿아 있다면 부모를 섬기는 일이 곧 물이다. 내 마음이 임금을 섬기는 데 있다면 임금을 섬기는 것이 하나의 물이다. 요컨대 물은 이치를 품고 있는 낱낱의 사물이 아니라 일이고 사건이다. 이치는 그렇듯 내 마음이 가 닿은 일물=사건에서 그 마음의 올바른 상태다.

사건 속에서 내 마음의 바름을 찾아가는 과정, 이것이 양명의 격물이다. 이를 통해 양명은 학문하는 자세로서의 격물이 마음의 올바름을 실천하는 문제임을 강조했다. 다시 말해 양명의 격물은 개개 사물의 이치를 구한다는 인식의 문제로부터 마음의 바름을 향해 나아가는 실천(윤리)의 문제로 논점을 재구성한 것이다.

　그러므로 격물은 단지 사물에 나아가 사물의 이치를 탐구하는 게 아니다. 양명은 격물을 물物을 바르게 하는 것正이라고 보았다. 물은 고립되고 개별적인 사물이 아니라 물을 둘러싼 상황 전체를 의미한다. 양명에 따르면 물은 일事, 즉 사건이다. 양명은 물物이란 나의 마음이 있는 곳이라 말했다. 이렇게 되면 격물은 나와 물의 관계가 아니라, 물과 내가 분리되지 않는 가운데 지금 이 순간 내게 전개되는 일=사건로부터 내 마음의 올바름을 얻는 실천이 된다.

3
무선무악無善無惡 :
마음은 무색이다, 고로 모든 색이다

물과 앎과 의념과 마음, 그리고 몸

양명의 격물은 구체적인 사건에서 '이 마음'의 바름을 얻는 문제다. 우리는 하루, 아니 잠깐 사이에도 마음의 무수한 작용과 만난다. 아침에 눈을 떠 자리에서 일어나는 순간조차도 이를테면 격물의 순간이라고 할 수 있다. 지금 바로 일어날 것인지, 5분만 더 잘 것인지 내 마음은 잠시도 쉬는 법이 없다. 요컨대 일상의 매 순간마다 우리의 마음은 선택하고 결정한다.

　마음의 바름을 얻는 것, 다시 말해 바른 이치를 얻는 그것이 앎이다. 이렇게 되면 앎은 또한 마음의 이치라는 말이 된다. 나아가 이와 같은 어떤 이치로부터 얻게 되는 마음의 바른 선택과 결정은 구체적인 행동과 분리되지 않는다. 선택과 결정의 모든 과정이 이미 실천인 것이다. 다시 말해 마음의 문제는 결국 몸의 문제라는 뜻이다. 이런 이유로 몸·앎·물·마음 등은 모두 한가지라고 말한다.

구천이 의심하며 말했다. "사물物은 밖에 있는데, 어떻게 몸身·마음心·뜻意·앎知과 한가지일 수 있습니까?"
선생께서 말씀하셨다. "귀와 눈과 입과 코와 사지는 몸身이지만 마음心이 아니라면, 어떻게 보고 듣고 말하고 움직일 수 있겠는가? 마음이 보고 듣고 말하고 움직이고자 하더라도 귀와 눈과 입과 코와 사지가 없다면 역시 불가능하다. 그러므로 마음이 없다면 몸도 없고, 몸이 없다면 마음도 없다. 다만 그 가득 찬 곳을 가리켜 말한다면 몸이라 하고, 그 주재하는 곳을 가리켜 말한다면 마음이라 하며, 마음이 발하여 움직인 곳을 가리켜 말한다면 뜻이라 하고, 뜻이 영명한 곳을 가리켜 말한다면 앎이라 하며, 뜻이 가서 닿아 있는 곳을 가리켜 말한다면 사물이라 하니, 다만 한가지일 뿐이다. 뜻은 허공에 매달려 있었던 적이 없으며, 반드시 사물에 부착되어 있다."

「진구천의 기록」陳九川錄

『대학』의 삼강령·팔조목에 대한 양명의 해석은 간명하다. 하여 양명의 설명을 처음 듣는 사람들은 누구나 고개를 갸우뚱하곤 했다. 양명은 팔조목의 물物, 앎知, 생각意, 마음心, 그리고 몸身이 수행의 단계를 가리키는 게 아니라, 서로 다른 마음 작용의 차이를 밝힌 것일 뿐이라고 생각했다. 예컨대 물은 마음이 가 닿은 것을 가리켜 말한 것이고, 앎은 마음이 발동해서 바른 본체를 얻은 것이며, 의념은 마음이 발동한 것이다. 마음은 몸을 주재(주관)하는 차원에서 일컫는 말일 뿐이다. 대학 즉 학문의 주제는 모든 것이 결국 마음의 문제임을 밝힌 것이라는 게 양명의 생각이었다. 이를 굳이 물·앎·의념·마음·몸 등으로 나누어 설명한 이유는 이들이 비록 하나의 마음이지만 각각 작용하는 구체적인 방식이나 위치가 다르기 때문이다.

말이 나온 김에 좀더 구체적으로 살펴보자. 예컨대 경민이라는 사람이 있다. 경민에 대해 경민의 지인들에게 물었다. 그러자 친구 A는 "경민은 호리호리하고 예쁜 사람"이라고 말했다. 친구 B는 "경민은 여리고 착한 사람"이라고 말했다. 그런가 하면 친구 C는 "경민은 부자"라고 말했다. 경민은 이처럼 각각 체형과 외모로 말해지거나, 심성으로 평가되거나, 재력에 따른 판단으로 이야기되었다. 헌데 이들이 말한 각각의 경민은 같은 사람인가 다른 사람인가. 당연히 경민은 한 사람이다. 하지만 누군가는 그를 외형으로 보았고, 누군가는 성품으로 보았으며, 또 다른 누군가는 경제력을 통해 그를 보았을 뿐이다. 하여 이들 각각에게서 경민은 '잘 챙겨 먹고 운동할 것'과 '맺고 끊는 것이 분명해질 것' 그리고 '다른 사람에게 베풀면서 살 것'을 요구받았다. 경민은 한 사람인가 여러 사람인가.

경민이 부자라고 불릴 때 경민의 호리호리함이 사라지는 것은 아니다. 하지만 경민을 부자라고 보는 관점이 경민에게 베풀 것을 요구한다. 다시 말해 경민을 부자라고 볼 때 이에 따르는 윤리적 요구는 잘 챙겨 먹고 운동할 것이 될 수 없다는 말이다. 비록 그 순간에 경민이 영양부족으로 곧 쓰러져 버릴 것 같다고 하더라도.

양명은 이와 같은 방식으로 팔조목의 관계를 파악했다. 즉 팔조목의 물, 앎, 뜻, 마음, 몸 등은 단계가 아니라 일종의 관점이다. 어떤 관점에서 공부하느냐에 따라 구체적 실천 방식이 달라지는 것이다. 예컨대 물物에는 격格이, 앎知에는 투철함致이, 뜻意에는 정성스러움誠이 요구되는 것이다. 그러므로 물·앎·생각·마음, 그리고 몸은 서로에 대해 단계적으로 분리된 부분이 아니라 공부를 어디에서 어떻게 실현하느냐에 대한 여러 관점일 뿐이다. 물은 곧 앎이고, 뜻이고, 마음이고, 몸이다.

마음 바깥엔 아무것도 없다

우리는 누구나 그리고 언제나 '이미' 어떤 상황 속에 있다. 마음은 어디 다른 곳에 있다가 사건이 생기면 등장하는 것이 아니라, 항상 내가 속한 사건=일으로서만 파악된다. 하여 양명은 마음 바깥에 물이 없다고 말한다. 결국 우리는 스스로 '나'라고 말할 만한 어떤 경우에도 마음과 분리되지 않는다. 마음의 문제는 출발점이나 결론이 아니라 모든 것이다.

예를 들어 보자. 우리는 매일 무언가와 함께 집을 나선다. 최소한 옷을 입고 있을 것이고, 지갑이나 휴대폰 등을 가지고 다닐 것이다. 하지만 우리는 이런 것들에 항상 마음을 쏟고 있는 것은 아니다. 친구와 만나 이야기를 나눌 때, 자신이 오늘 어떤 신발을 신고 있는지 항상 염두에 두면서 수다를 떠는 사람은 없다. 하루 종일 내 발을 감싸며 존재(!)하고 있었지만, 적어도 오늘 하루 신발은 내게 '물'物이었다고 말할 수 없다. 그런데 집으로 돌아오는 길에 잘못해서 물웅덩이를 밟아 신발을 적셨다면? 그 순간 나는 난감해진 상황 속에서 젖은 신발을 어떻게 할 것인지 비로소 생각하게 된다. 신발은 물이 '되었다.'

> 만약 내 의념이 부모를 섬기는 데 있다면 부모를 섬기는 것이 하나의 물物이고, 의념이 임금을 섬기는 데 있다면 임금을 섬기는 것이 바로 하나의 물이며, 의념이 백성을 어질게 대하고 사물을 사랑하는 데 있다면 백성을 어질게 대하고 사물을 사랑하는 것이 하나의 물이며, 의념이 보고 듣고 말하고 움직이는 데 있다면 보고 듣고 말하고 움직이는 것이 바로 하나의 물이다. 그래서 나는 "마음 밖에 이치가 없으며, 마음 밖에 물이 없다"고 말한다. 『중용』에서 말하는 "성실하지 않으면 사물이 없다"不誠無物는 것과 『대학』에서 "밝은 덕을 밝힌다"明明德는 공부는 다만 뜻을 성실하게 하는 것誠意이며, 뜻을 성실하게 하는 공부는 다만 하나의 격물格物이다. 「서애의 기록」

"마음 밖에 물物이 없다"라는 양명의 말은 당시 사람들에게 고개를 갸웃거리게 만드는 말이었다. 이 말은 심지어 양명의 지인들에게조차 제대로 이해되지 않았던 듯하다. '바위 사이에 핀 꽃'에 관한 양명의 유명한 일화는 이러한 당시의 사정을 잘 보여 준다. 양명의 친구였던 이 대화 상대자는 마음 바깥에는 물이 없다는 양명의 말을 오해하고 있다. 하지만 이것은 양명의 생각이 특별히 난해했기 때문이 아니라, 양명이 물에 대한 통상의 관념을 전도시켰기 때문이다.

선생께서 남진南鎭을 유람하실 때, 한 친구가 바위 가운데 꽃나무를 가리키며 물었다. "(선생께서는) 천하에 마음 밖의 사물은 없다고 했는데, 깊은 산속에서 저절로 피었다 저절로 지는 이 꽃나무와 같은 것이 내 마음과 무슨 상관이 있습니까?" 선생께서 말씀하셨다. "그대가 이 꽃을 보지 못했을 때 이 꽃과 그대의 마음은 함께 적막 속으로 돌아간다. 그대가 이 꽃을 보았을 때는 이 꽃의 색깔이 일시에 분명하게 드러난다. (따라서) 이 꽃은 그대의 마음 밖에 있지 않음을 알 수 있다." 「황성증의 기록」黃省曾錄

물物에 대한 양명의 전도를 보지 못하면 양명 철학의 획기성은 이해되지 않는다. 양명은 언젠가 여행길에서 꽃들이 군락을 이루며 피어 있는 것을 보았다. 그 꽃은 아마도 수년 이상 그 자리에서 피고 지기를 반복했을 것이다. 양명의 지인은 이 지점에서 묻는다. 내가 마음을 준 적 없어도 저 꽃들은 저렇게 존재하지 않느냐고, 저것은 물이 아니냐고, 이것은 마음 밖에 사물이 있다는 것이 아니냐고.

　마음과 물이 하나라는 양명의 말을 사람들은 이처럼 존재 자체의 부정으로 받아들였다. 하지만 양명은 단지 물物이란 마음의 문제임을 강조했을 뿐이다. 양명은 세상의 존재 자체에 관해서는 말하지 않았다. 왜냐하면 그건 말할 수 없는 것이기 때문이다. 우리는 마음을 떠난 어떠한 것에 대해서도 말할 수 없다. 말할 수 있다는 건 어떤 식으로든 이미 내 마음이 닿아 있다는 사실을 의미한다.

　그러므로 이해를 돕는 차원에서 우리는 존재(주자식의 물物)와 물을 구분해서 생각해 볼 필요가 있다. 그게 아니라면 최소한 양명이 말하는 물에는 반드시 마음이 함께 한다는 사실을 기억하는 것이 좋다. 물과 존재는 다르다. 물과 존재는 모순되지도 않는다. 지금 막 그 꽃을 보기 직전까지 그 꽃이 수년간(혹은 그 이상) 존재했던 것은 아마도 사실일 것이다. 하지만 지금 막 그 꽃을 보게 되어서야(즉 마음이 닿아서야) 비로소 그 꽃은 '격물하는' 물이 된 것이다. 마음을 먹지 않아도 저절로 피고 지는 꽃이 있다. 이것이 꽃의 '있음'(존재)을 의미한다면, 마음과 더불어서만 '발생되는'(의미화되는) '꽃'이 있다. 이 꽃은 있음이 아니라 그저 '꽃'이다. 굳이 개념화해서 말해 본다면 내 마음과 닿음으로써 꽃의 '있음'은 비로소 '물物-화化'되었다.

　양명의 심즉리를 비판적으로 보는 사람들은 양명이 마음을 가지고 '윤리'와 '물리'를 혼동하였다고 말한다. 즉 마음과 존재를 결합시킴으로써 실천 행위에 관한 마음의 '윤리'를 주장할 수 있었지만, 이는 결국 엄연한 물리物理의 세계를 소외시켰다는 것이다. 하지만 이러한 평가는 양명 철학에 대한 적절한 비판이 되기 어렵다. 양명에게는 물리와 윤리가 혼동되었던 적이 없기 때문이다. 양명은 물리의 세계 대신 윤리의 세계로 나아간 것이 아니라, 물리와 윤리를 구분하는 사유 자체를 뛰어넘는 지점으로 나아갔던 것이다.

양명의 마음 철학은 객관 세계 위에서 내면(마음 혹은 정신)을 수양하자는 관념적 수행론이 아니다. 양명의 심학은 세계를 인식하는 유일하고 절대적인 창으로서의 마음에 관한 실천적 수행을 강조한다. 마음은 머릿속에 떠오르는 상상이거나 가슴에서 우러나오는 감정이 아니다. 마음을 통해 나와 세계는 만난다. 마음이 곧 세계다.

순임금의 마음

양명의 격물설은 나와 세계가 어떻게 만나는가에 대한 대답이기도 하다. 한마디로 말해 지금 내가 보는 세계만큼이 내 마음이다. 격물설이 세상에 알려지기 시작하면서 양명은 수많은 도전적 질문들에 맞닥뜨릴 수밖에 없었다.

양명은 제자들의 질문에 대해 종종 예를 들어 볼 것을 요구했다. 물음은 각자 자신의 가깝고 절실한 문제로 구체화되지 않으면 공허해진다. 물음을 구성할 때 우리는 종종 그 자신의 물음을 마치 모든 사람의 물음인 양 일반화시키곤 한다. 따지고 보면 내가 그렇게 여기는 것인데, 말을 할 때에는 우리가 그렇다는 식으로 말하는 식이다. 이런 태도는 객관적인 것처럼 보이지만 문제를 제기하는 '아무'가 없기에 어떠한 대답도 가 닿을 곳이 없다. 우리는 언제든 결국 자기가 만나는 만큼의 세계에 관해서만 관여할 수 있다. 즉 그만큼에 대해서만 묻고 답을 구할 수 있는 것이다.

제자와의 대화에서 양명은 자신의 말이 단지 처방약에 불과할 뿐이라고 했다. 비슷한 증상일지라도 환자의 기질이나 건강 상태 등에 따라 처방이 달라지듯, 바로 '그' 물음이었기에 '이' 대답이 된 것뿐이다. 그러므로 질문은 언제든 어디서든 가능하지만, 단 그 물음은 언제나 구체적이고 직접적이어야 한다. 대답은 질문을 따른다. 질문이 예각화되지 않으면 대답 또한 뭉개진다.

아울러 양명은 최소한 질문자가 자신의 의도를 분명히 자각할 것을 요구했다. 그래야만 이 문답은 공리공담이 되지 않고 실질적인 효용을 갖게 된다. 그렇지 않은 경우 일반적인 문답의 형식은 자칫 질문자가 자신이 듣고 싶은 말을 확인하는 형식이 될 위험이 크다. 질문의 내용만큼이나 중요한 것은 '질문 안에 담긴 마음'이다. 질문은 그 자신의 것일수록 그 마음은 정확히 드러난다. 질문은 이미 어떤 마음이 작동한 결과이기 때문이다.

'바위 사이에 핀 꽃'에 관한 물음으로 돌아가 보자. "지금 깊은 산속에 저절로 피었다 저절로 지는 저 꽃…" 운운할 때, 질문자의 마음은 어떻게 움직였는가. '그 꽃'에 관해 질문할 때 질문자의 마음은 이미 꽃에게로 마음을 움직인 상태였다. 마음을 움직이지 않았다면 그에게는 꽃과 관련된 어떠한 질문도 구성될 수가 없다. 왜냐하면 양명의 말처럼 그때에는 그에게 꽃이란 그저 적막 속에 존재할 뿐이었기 때문이다. 즉 인식의 수면 위로 떠오른 것이 아니었던 것이다. 그러므로 사실상 이 질문만으로도 우리는 그 질문자의 마음이 어떻게 움직인 것인지를 알 수 있다. 양명이 대답한다. "그대가 이 꽃을 보지 못했을 때 이 꽃과 그대의 마음은 함께 적막 속에 돌아간다. 그대가 이 꽃을 보았을 때는 이 꽃의 색깔이 일시에 분명하게 드러난다. (따라서) 이 꽃은 그대의 마음 밖에 있지 않음을 알 수 있다."

마을 사람 가운데 아비와 자식 사이에 소송을 제기하여 선생께 판결을 청한 자가 있었다. 시중드는 사람은 그들을 막고자 하였으나, 선생께서는 그들의 이야기를 들어주셨다. 선생의 말이 채 끝나지도 않았는데, 그 부자는 서로 껴안고 통곡하고는 돌아갔다.
시명치柴鳴治가 들어와 물었다. "선생께서는 무슨 말씀을 하셨길래 그들을 그토록 빨리 감동시켜서 뉘우치게 했습니까?"
선생께서 대답하셨다. "나는 순임금은 세상에서 가장 불효한 자식이었고, 고수瞽瞍는 세상에서 가장 자애로운 아버지였다고 말했다."

명치가 놀라 가르침을 청했다.

선생께서 말씀하셨다. "순임금은 항상 자신이 가장 불효하다고 생각했기 때문에 효도할 수 있었고, 고수는 항상 자신이 가장 자애롭다고 생각했기 때문에 자애로울 수 없었다." 「황성증의 기록」

마음과 물의 관계는 순임금의 이야기를 통해 좀더 구체적으로 살펴볼 수 있다. 이야기의 큰 줄거리는 이렇다. 순임금에게는 맹인 아버지 고수와 이복동생 상象이 있었는데, 이들은 여러 차례 순임금을 죽이려고 했다. 그런데 문제는 가까스로 위기를 벗어난 순임금의 행동에 있다. 순임금은 자기를 죽이려고 했던 이복동생 상을 처단하는 것이 아니라, 어찌 된 일인지 상에게 "자신과 함께 나라를 잘 다스리자"며 통치 지역을 내줬다는 것.

맹자는 순임금이 자신을 죽이려 했던 상에게 자신과 함께 나라를 잘 다스리자고 말한 것을 이렇게 풀었다. "순임금은 상이 자신을 죽이려 한 것을 몰랐기 때문이 아니라, 비록 과거에는 흉폭했던 아우지만 지금은 상이 형을 사랑하는 도리로 온 것이기 때문에 받아들인 것이다." 「맹자」, 「만장 상」 순임금은 최고 성인이신데 어찌해서 아버지 고수와 아우 상이 자신을 여러 차례 죽이려 하는 것을 모르고 당할 수 있느냐는 질문에 대해서는, "어찌 알지 못하셨겠는가마는 상이 근심하면 또한 근심하시고 상이 기뻐하면 또한 기뻐하신 것이다"라고 대답했다. 요컨대 맹자의 요지는 순임금에 얽힌 사건들이 '의'義를 기준 삼아 해석하는 것이었다. 즉 상(혹은 상과 고수)이 순임금을 죽이려 할 때는 불의였으므로 순임금이 이를 피한 것이고, 상이 순임금에게 귀순하고자 할 때는 그것이 개과천선한 상의 진심이었기 때문에 순임금께서 받아들였다는 것.

양명은 이 대목을 심학心學의 연장선에서 이해했다. 양명은 순임금이 문제의 원인을 자신에게서 찾았다는 사실에 주목한다. 순임금이 옳고 그름을 이유로 고수와 상을 징벌하거나 계몽하려 하지 않았다는 것이다. 문제가 생겼을 때 순임금은 문제의 원인을 자기 자신에게서 찾음으로써, 즉 자신을 바르게 함으로써 상을 바로잡을 수 있었다는 것이다. 핵심은 옳고 그름이라는 가치판단을 하지 않았다는 게 아니라 원인으로부터 책임을 따지는 과정에서 순임금이 자신의 '마음'을 떨어뜨려 놓지 않았다는 점이다.

재판 문제로 양명을 찾아온 아버지와 아들을 감동시킨 일화도 마찬가지다. 양명이 보기에 순임금은 아버지 고수의 핍박에 대해 단지 자신의 효를 더욱 굳건히 실천할 뿐이었다. 그러므로 이 과정을 통해 마침내 고수가 순에게 마음을 열고 기뻐하게 된 것은, 또한 고수 자신의 자애로운 본체를 회복한 것일 뿐이다. 같은 맥락에서, 순임금은 상이 자신을 죽이려 했을 때에도 스스로 자신의 의로움에 나아가 그 의로움을 지켰을 뿐이다(순임금은 자신에게 좋은 일義을 행했을 뿐이다). 오히려 상이 여러 차례 잘못된 마음으로 순임금을 죽이려 했던 것은 순임금이 조급

함을 참지 못하고 자신이 직접 상의 잘못을 바꾸어 주려고 했을 때였다. 하지만 순임금이 성인인 이유는 그가 끝내 그 모든 해결책을 자신을 바로하는 공부로부터 찾았기 때문이다. 양명은 이것이 바로 요임금이 순임금에게 말해 준 성인의 도리였다고 한다. "네 자신의 고요함이 있을 뿐이니, 네 자신의 중을 잡으라!"

 순임금에 대한 양명의 해석에서 주목할 만한 점은, 양명이 이 사건을 순임금에 입각해 설명하고 있다는 사실이다. '객관적'으로 순임금과 상의 대결(?)을 판단하고 평가할 수 있는 어떤 객관 혹은 어떤 합리의 세계가 따로 있는 것이 아니다. 이른바 제3의 눈이란 없는 것이다. 사건이란 오직 이 마음일 뿐이다. 사건(상의 공격)을 대면할 수 있는 것은 오직 순임금의 마음뿐이다. 그러므로 단지 그 마음에 정성을 다해 사건을 바로잡기 위해 노력해야 한다. 좀더 구체적으로 말해 본다면, 이 사건에서 순임금이 마음을 바로잡는 것은 상의 공격에 상해를 입지 않는 것이다.

 그런데 순임금과 상을 논한 이 대목에 이르면 양명의 마음 논의가 당면하게 될 다음 과제도 보인다. 그것은 마음의 실천이라는 것이 결국은 그 누구도 판단해 줄 장치가 없는 게 아니냐는 것이다. 즉 옳고 그름을 판단해 줄 제3의 눈이 있을 수 없다면, 다행히 순임금같이 공명정대한 성인이라면 몰라도, 모든 사람의 결정이 매번 정당하고 바르게 행해질 수 없지 않느냐는 것이다. 단적으로 서로 최선의 정당함이라고 생각하면서 얻은 결론이 상충하게 되면 어떻게 되는가? 가난한 어머니가 굶고 있는 자식을 위해 남의 물건을 도둑질했다면 어떻게 되는가. 도둑질이 아무리 잘못된 행동일지라도 어머니는 다른 방법이 없다면 또 도둑질을 할 수 있다고 생각할지 모른다. 모든 게 결국 자기 마음의 문제라고 할 때, 그리고 그 마음이 형을 죽이고 싶어 했던 아우 상처럼 잘못 사용될 경우, 그리고 그 스스로 그것을 자각 못하는 경우 그 뒷감당은 어떻게 해야 하는 것일까.

하지만 양명의 "오직 마음이 있을 뿐"이란 말은, 많은 사람들이 오해했던 것처럼 자칫 누구나 자기 마음대로 행하면 된다는 말로 착각되곤 했다. 마음 밖에 사물도 이치도 없다면, 이러한 각각의 마음이 사람들 사이에서 어떻게 질서를 가질 수 있느냐는 것이다. 사실 이러한 질문은 불교에 대한 유학의 오래된 비판 지점이기도 했다. 때문에 유학은, 주자학이 잘 보여 주듯이, 누구나에게 통용되는 보편의 규범이나 원리를 제안했던 것이다. 그것은 개개인에게는 도덕적인 가치로 내면화(이념화)되고, 타자와의 관계에서는 예(법)의 형식으로 강제된다. 이것은 결국 내면의 도덕과 초월적 법의 형식이라는 척도가 나의 외부에 따로 존재한다는 것을 의미한다. 오직 '그것'에 비추어서만 나의 행위는 시비를 분별된다. 이때의 '그것', 즉 내면의 도덕과 법 형식의 타당성의 최종 준거는 하늘의 이치(천리)이다. 천리는 완전무결한 완성형의 이치이므로.

하지만 양명의 사유에서 법法의 형식으로 강제되는 보편 원리 같은 것은 찾아보기 어렵다. 굳이 말한다면 양명의 사유에서 보편은 사람은 누구나 '이 마음'을 가지고 있다는 것, 이 마음 외에 따로 어떤 기준 같은 것은 있을 수 없다는 사실 정도다. 요컨대 양명에게는 이 마음이 곧 척도다.

그런데 마음이 기준이라면 우리들은 각자 '마음대로' 행동하면 되는 것일까. 양명이 말하는 이치로서의 마음과 각자의 행위를 근거 짓는 마음은 서로 같은 걸까 다른 걸까. 만일 이 둘이 같은 것이라면, 양명의 논리에서 우리 각자의 행위는 어떠한 규제도 받지 않게 될 것이다. 요컨대 우리는 서로의 삶에 개입해 들어갈 수 없게 된다. 극단적인 경우 이것은 상대주의 관점과 큰 차이가 없어 보인다. 또 만일 그 둘이 다르다면 양명에게 마음은 두 마음이 되어 버린다. 이것은 그토록 한 마음을 외쳤던 (심외무물心外無物) 양명 사유의 근거가 부정되는 것이 아닌가. 그렇다면 이 문제는 결코 간단한 문제가 아닐 것이다.

사실 양명에게 이 문제는 아주 간단한 문제였다. 마음은 무엇도 아니고, 어디에 있는 것도 아니라는 것! 이 말은 마음이란 각자의 삶에서 미리 준비되는 것이 아니라 매 순간 물物과의 만남 위에서, 즉 사건 위에서 드러나는 것임을 의미한다. 미리 준비되거나 과거의 경험을 갖고 있지 않다는 점에서 마음은 바로 그 '단 한 번'만 현전할 뿐이다. 이런 까닭에 마음은 '있다'기 보다는 '없는' 것이다. 그런데 바로 그 단 한 번'들'은 명멸하는 그 순간 충분히 자족적이다. 마음은 미리 결정되지 않음으로써 모든 것이 된다. 그리고 이 마음은 '누구나' 있다.

4
치양지致良知 :
마음이 드러나는 길, 마음을 드러내는 길

누구나 양지가 있다

모든 사람에게 공통된 문제 해결의 가능성. 양명에게 그것은 사람은 누구나 마음을 갖는다는 사실이었다. 이는 또한 누구나 자기 문제를 스스로 해결할 수 있다는 말이기도 하다. 누구나 가지고 있는 마음, 그런데 그 마음 중에서도 사람이라면 누구나 가지고 있는 본성으로서의 마음, 양명은 이것을 '양지'良知라고 불렀다.

  양지는 『맹자』에 보인다. 맹자는 "사람이 배우지 않고도 할 수 있는 것을 양능良能, 헤아려 보지 않고도 알 수 있는 것을 양지良知"라고 했다. 양능은 '배우지 않고도 할 수 있는 것' 즉 선험적인 것을 의미하고, 양지는 '헤아려 보지 않고도 아는 것' 즉 그것이 직각적直覺的인 것임을 뜻한다. 양명의 양지는 맹자의 양지·양능을 모두 포함한다.

양명에게 양지 개념이 중요한 이유는 마음이 누구나의 문제이기 때문이었다. 다시 말해 양지는 내재적이고 보편적인 것이다. 양지는 "아주 오랜 시간과 전 우주 공간을 통틀어 같지 않음이 없다." 또한 양지는 "성인과 어리석은 자의 구분이 없으며, 천하 고금이 다 동일하다."

> 선생께서 말씀하셨다. "양지는 저절로 알 수 있으니, 이것은 원래 쉬운 것이다. 다만 그 양지를 실현할 수 없을 뿐이니, 그것이 바로 '아는 것이 어려운 것이 아니라 행하는 것이 오직 어렵다'(『서경』에 나오는 말)는 말의 의미이다."「황이방의 기록」黃以方錄

양지는 누구나 가지고 있다. 하여 양지가 누구나에게 있음을 아는 것이 문제의 핵심이 아니다. 문제는 그 마음을 어떻게 할 것인가이다. 어떻게 양지를 실현할 것인가.

양지는 시비를 안다

양지는 성인이든 보통사람이든 같다. 심지어 해와 달 나무와 풀에도 양지가 있다. 하지만 성인을 성인이게 하고 보통 사람을 보통 사람이게 하는 것은 양지의 실현에 의해서다. 양명은 말한다. "양지양능은 보통 사람이나 성인이 똑같다. 다만 성인은 그 양지를 실현할 수 있고, 보통 사람은 실현할 수 없을 뿐이다. 이것이 보통 사람과 성인이 구분되는 점이다." 결국 문제는 이 양지를 어떻게 실현(작동)할 것인가, 이다.

"양지는 다만 옳고 그름을 분별하는 마음이다. 옳고 그름을 분별하는 것은 다만 (옳음을) 좋아하고 (그름을) 싫어하는 것이다. 단지 (옳음을) 좋아하고 (그름을) 싫어하기만 한다면 곧 옳고 그름의 분별을 다하게 된다. 단지 옳고 그름을 분별하기만 한다면 곧 온갖 일의 모든 변화를 다하게 된다." 또 말씀하셨다. "시비是非 두 글자가 하나의 커다란 표준이다. 그것을 능숙하게 사용하는 것은 그 사람에게 달려 있다." 「황성증의 기록」

양지는 시비지심是非之心이다. 즉 옳고 그름을 아는 마음이다. 옳고是 그름非을 알기 때문에 양지는 옳은 것을 좋아하고 그른 것을 싫어한다. 양명은 이것이 마치 아름다운 것을 보면 자연스럽게 그것이 아름다운 것을 알고, 악취를 맡으면 자연스럽게 그것이 악취인 걸 아는 것과 같다고 했다. 그러므로 양지의 실현은 간단하다. 양지가 좋아하는 것은 잘하고자 하고, 양지가 싫어하는 것은 하지 않는 것이다.

양지의 시비 판단을 객관적인 대상(사물이나 사건)에 대한 판결 같은 것으로 여기는 건 양지에 대한 흔한 오해 중 하나다. 양지는 시비를 판별하고 그 판별로서 무언가의 실천을 의미하지만, 그렇다고 옳음과 그름이라는 양자적 선택 위에서 옳음을 선택하는 것은 아니다.

다시 말해 양지에 따라 옳은 것은 사회적으로 옳은 것에 대한 판결 같은 게 아니다. 양지의 옳음은 내 마음이 좋다고 여기는 것이다. 즉 나에게 좋은 것이 양지의 옳음이다. 양지를 다하는 삶(치양지)이란 궁극적으로 나에게 좋은 삶을 실천하는 것을 의미한다. 선한 삶은 다른 무엇보다 스스로에게 좋은 것(옳음)을 행하는 삶이다.

이렇게 되면 반론이 제기될 수 있다. 각자 자기가 좋은 것만 행하게 된다면 사회는 금세 무질서해지고 혼란에 빠질 것이라고. 하지만 이런 주장의 뒤에는 마치 누구나에게 공통된 선한 삶이 있다는 전제가 깔려 있다. 이른바 공공의 선이 있다는 것. 아니 그런 게 없다면 최소한 공공의 선을 규정하기라도 해야 한다는 것. 그렇지 않으면 사람의 이기심이 사회를 혼란에 빠뜨리게 될 테니까! 하여 인류가 가까스로 생각해 낸 방법은 공공선으로서의 법이다.

하지만 법이란 외적 준거다. 법은 나의 선을 내 바깥에서 구하는 것이다. 반면에 양지는 내 마음 바깥에 어떠한 것도 필요로 하지 않는다. 내 마음의 양지를 실현하는 일을 옳은 것으로 증명해 줄 다른 마음은 없다. 양지는 시비지심이다. 양지는 옳고 그름을 판단한다. 옳고 그름을 판단하는 최종 심급은 나의 바깥에서 구할 수 없다.

문제는 스스로 자신의 결정에 두려워하는 것이다. 하지만 이것은 마음의 결정을 내리는 나와 그것을 나의 것으로 인정하는 나가 분리되어 있기 때문에 그렇다. 양지 실현은 이것이 둘로 분리되지 않는 것임을 말한다. 즉 시비를 분별하는 마음 바깥에 그 마음이 충분한지 아닌지를 판단하는 다른 마음은 없다.

그렇다면 양지의 실천은 어떤 면에서 보면 큰 용기가 필요한 것인지도 모른다. 내 자신의 결정을 스스로 믿지 못하는데, 우리가 안심하고 따르게 될 어떤 기준이 마음 바깥에 존재할 수 있을까. 만약 그럴 수 있다면 그것은 아마도 누구나에게 옳은 기준이어야 할 텐데, 그런 것이 가능할까. 가장 일반적인 방식은 '선과 악'을 미리 정해 놓는 것이다. 이렇게 하면 선이고 이렇게 하는 것은 악이라는 식으로. 이렇게 되면 우리는 나에게 좋은 것이어서 그것을 실천하는 것이 아니라 그것이 선이기 때문에 실천하는 것이 돼 버린다. 이상하지 않은가.

양지는 양심과도 다르다. 양심이란 어떤 일에 대해 선한 측면을 행하고자 하는 마음이다. 하지만 여기에는 궁극적으로 나의 마음과 일(사건)이 분리될 수 있다. 요컨대 사건과 무관하게 양심적일 수 있는 것이다. 이에 반해 양지는 선악 사이에서 무엇인가를 결정하는 마음이 아니다. 양지 바깥에 선악이 따로 있는 것이 아니며 사건과 무관할 수도 없다. 사건 속에서 (사건과 더불어) 실천되는 나의 옳음이 양지다. 그러므로 양지는 선과 악을 앞에 놓고 그 가운데 선을 고르는 마음이 아니라, 옳음(선)을 좇는 것(곧 악을 배척하는 것)으로 드러나는 마음이다.

유가의 존재론은 인간의 본성이 선하다는 데서 출발한다. 이러한 존재론을 근거로 유가의 윤리론은 형성된다. 인간의 본성이 선하므로, 인간은 본성대로 살아야 한다. 양명 역시 기본적으로는 이 구도를 벗어나지 않는다. 양명에게는 양지를 실천하는 것이 선이다. 아니 양지가 이미 실천이다. 양지는 이미 나의 옳고 그름의 판단으로 존재하기 때문이다.

또한 양지는 "과거도 미래도 없다. 다만 현재의 기미를 알 뿐"이다. 양명의 이 말은 양지의 실현이 지금-이곳에서 나의 실천적인 결단·결행의 문제임을 말해 준다. 요컨대 양지는 매 순간 발현되지 않으면 안 된다. 양지는 실천을 통해서만 존재하며, 그럼으로써 양지는 언제나 지금-이곳에서 실현되어야 하는 문제다. 양지의 실현에는 미리 정해진 룰이나 체제가 없다. 매 순간 변화하고 때에 따라 응한다. 양명은 말한다. "양지는 곧 변화易이다.…… 이 양지를 어떻게 붙잡을 수 있겠는가? 양지를 투철하게 깨달았을 때가 성인이다." 나=나의 마음는 천지만물과 함께 쉬지 않고 낳고 또 낳는 작용 속에 존재할 뿐이다.

치양지는 끝이 없다

공자는 자신의 삶을 반추하는 곳에서, 나이 칠십쯤 되자 마음이 욕망하는 대로 좇아 살아도 그것이 법도를 넘지 않았다고 말했다 從心所欲不踰矩. 양명식으로 말하면 공자의 이러한 삶이야말로 치양지다.

설간이 꽃밭의 풀을 뽑으면서 말했다: 세상에서 어찌하여 선은 배양하기 어렵고, 악은 제거하기 어렵습니까?

(양명) 선생께서 대답하셨다: 배양이랄 것도 없고, 제거라 할 것도 없다. 그렇게 선악을 보는 것은 모두 신체軀殼(구각)로부터 생각을 일으킨 것이므로 곧 잘못될 수 있다.

설간은 (무슨 뜻인지) 이해하지 못했다.

양명: 천지의 생명의지生意는 꽃이나 풀이나 한가지이다. 어찌 선악의 구분이 있겠는가. 그대가 꽃을 감상하려고 하기 때문에 꽃을 좋은善 것으로 여기고 풀을 나쁜惡 것으로 여긴다. 만약 풀을 쓰려고 한다면 다시 풀을 좋은 것으로 여기게 된다. 그러한 선악은 모두 네 마음이 좋아하고 싫어하는 것에서 생겨난 것이다. 그러므로 잘못되었음을 알 수 있다.

설간: 그렇다면 선도 없고 악도 없는 것입니까?

양명: 선도 없고 악도 없는 것은 이치의 고요함이고, 선도 있고 악도 있는 것은 기운의 움직임이다. 기운에 의해 움직여지지 않으면 곧 선도 없고 악도 없다. 이것을 '지극한 선'至善이라고 한다.

설간: 불교 역시 선도 없고 악도 없다고 하는데, 어떻게 다릅니까?

양명: 불교는 무선무악無善無惡에 집착하여 일체를 모두 상관하지 않기 때문에 천하를 다스릴 수 없다. 성인의 무선무악은 단지 일부러 좋아하지도 않고 일부러 싫어하지도 않아서, 기氣에 의해 움직여지지 않는다. 그러나 선왕의 길道을 따라 그 법도에 합치하니 곧 저절로 천리를 따르게 되고, "천지의 도를 재단하고 천지의 마땅함을 돕게 된다".

설간: 풀이 이미 나쁜 것이 아니라면 풀을 제거해서는 안 되는 것이군요.

양명: 그것은 오히려 불교나 노자의 생각이다. 풀이 만약 장애가 된다면 그대가 뽑아 버리는 데 무슨 문제가 있겠는가.

설간: 그렇게 하는 것은 또한 일부러 좋아하고 일부러 싫어하는 것입니다.

양명: 일부러 좋아하거나 싫어하지 않는다는 것은 전혀 좋아하거나 싫어하지 않는다는 것이 아니다. 그것은 오히려 지각이 없는 사람이다. 일부러 하지 않는다는 것은 다만 좋아하고 싫어함이 한결같은 천리天理에 따르고 자기 의사를 조금이라도 덧붙이지 않는 것이다. 이와 같으면 곧 좋아하고 싫어한 적이 없는 것과 마찬가지다.

설간: 풀을 뽑을 때 어떻게 하는 것이 한결같이 천리를 따르고 자기 의사를 덧붙이지 않는 것입니까.

양명: 풀이 방해가 된다면 마땅히 뽑아내는 것이 이치이므로, 그것을 뽑아낼 뿐이다. 우연히 뽑아내지 못했더라도 역시 마음에 거리낄 것이 없다. 만약 조금이라도 자기 생각意을 덧붙인다면 마음의 본체心體에 누를 끼치게 되고, 기운을 움직이는 곳이 많이 생길 것이다.

설간: 그렇다면 선과 악은 전혀 사물에 있지 않은 것이군요.

양명: 단지 그대의 마음에 있을 뿐이다. 이치를 따르는 것이 바로 선이고 기운을 움직이는 것이 바로 악이다.

설간: 결국 사물 자체에는 선악이 없는 것이군요.

양명: 마음에서 그와 같으니, 사물에서도 역시 그러하다. 세속의 유학자들은 오직 이것을 알지 못하여 마음을 버리고 사물을 좇는다. 격물의 학문을

잘못 이해하여 하루종일 밖으로 찾아 나선다. 단지 '우연히 의로운 행위로 말미암아 (갑자기) 엄습하여 취해지는 것'을 행할 뿐이니, 평생 동안 행하면서도 밝게 알지 못하고 익히면서도 살피지 못한다. 「설간의 기록」

요컨대 '잡초'라는 건 없다. 꽃밭을 가꾸려는 나의 마음이 꽃과 꽃 아닌 것을 구분하고, 꽃 아닌 것들을 잡초로 '만든다'. 이 인용문에는 양지의 작용과 '선/악'의 관계가 매우 자세히 이야기되고 있다. 양지를 실천한다는 것은 이미 선으로서의 행위일 뿐 나의 바깥에 객관적으로 존재하는 선/악에 따른 결정이 아니다. 오히려 거꾸로 말할 수 있다. 내가 나의 양지를 실현한다는 것은 지금 나의 양지를 통해 새로운 선을 창조하는 문제인 것이다. 요컨대 나의 양지 바깥에서 이야기되는 선/악은 어떠한 것도 자명한 실체가 아님을 깨닫는 것. 그렇게 양지는 매 순간 선/악을 넘어서는 것이다.

치양지는 '선한 삶은 이런 것이다'라는 사회적 관계의 도덕과 결별한다. 대신 치양지는 각자의 삶이 스스로에게 좋은 삶이 될 것을 제안한다. 선한 삶이란 자신의 본성, 즉 자신의 양지에 따르는 삶 외엔 존재하지 않는다. 선한 삶은 아무것도 모방하거나 흉내내지 않는다. 삶은 누구나 한번뿐이며 누구에게나 고유한 것이다. 모든 이에게 똑같이 좋은 선한 삶이란 없다!

만인을 위한 선한 삶은 그 삶의 권위에 복종할 것을, 그 삶에 나의 삶을 맞추어 갈 것을 요구한다. 하지만 치양지는 나에게 좋은 삶을 스스로 창안할 것을, 그러기 위해서는 과감하게 기존의 권위나 인습 따위를 파괴할 것을 요구한다. 치양지한 삶을 평가할 기준 같은 건 없다. 세상에 나와 똑같은 삶이 반복될 수 없는 것처럼 나의 삶 또한 누군가의 삶을 반복할 수 없다. 따라서 나의 좋은 삶은 언제나 새로운 삶의 창출이다.

치양지는 법을 따르지 않는다. 치양지는 법에 대해 난폭한 무법자와도 같다. 치양지한 삶에 있어 법이란 따라야 할 모범이 아니라 표현되어야 할 내 삶의 가치이기 때문이다. 물론 양지는 그 자체로 새롭게 만들어 내야 할 무엇은 아니다. 양지는 누구나 '이미' 갖고 있는 것이기 때문이다. 거울의 비유, 혹은 구름 낀 태양의 비유가 잘 보여 주는 것처럼 양지는 회복해야 할 무엇이다.

하지만 양명이 양지가 아닌 치致+양지를 말할 때, 여기에는 양지가 단지 회복된다는 의미 외에 매 순간 회복하고자 해야 한다는 실천적 의지가 내포되어 있다. 치양지는 매 순간 단 한번뿐인 양지의 투철한 실천을 통해 양지를 회복한다. 동일한 것은 반복되지 않는다. 치양지한 세계엔 리바이벌이 없다. 단 한번뿐인 치양지들이 쉬지 않고 이어질 뿐이다. 하여 치양지한 세계에는 도덕적이고 관습적이고 공동체적인 선/악 관념이 없다. 치양지는 오로지 자신의 선함(좋음)을 실천할 뿐이기 때문이다. 한 인디언 신화의 말을 빌리면, 치양지는 마치 둥근 원과 같다. 어디에서든 시작될 수 있지만 한번 시작되면 끝은 없다.

행 3부 行

1
지행합일知行合一 :
앎은 행이다

지행일치와 지행합일

사람은 누구나 한 번의 삶을 산다. 하지만 누구도 똑같은 삶을 살지는 않는다. 혼자 사는 세상이 아니기에 나의 삶만 옳다고 말할 수는 없다. 다르지만 같아야 하고, 같을 것 같지만 다를 수밖에 없는 삶! 이것은 함께 사는 삶으로서의 공동체(혹은 사회)를 이룩하고자 했던 인류가 풀어야 할 숙제 중 하나였다.

송나라 이후 유학자들은 이를 마음의 본성을 통해 해결하고자 노력했던 사람들이었다. 그들은 사람들 각각에게는 사람으로서 공통적인 마음의 본성이 있다고 생각했다. 좋은 삶은 이러한 마음의 본성을 잘 지키며 사는 삶을 의미했다. 그런데 어떻게 해야 이 마음의 본성을 잘 지키며 살 수 있을까.

마음이 이치라는 양명의 말은 삶이 각자의 결단에 달린 문제임을 상기시켜 준다. 좋은 삶이란 이치에 마땅한 삶이다. 이치에 마땅한 것은 양지가 실현되었다는 뜻이다. 이러한 삶은 성인聖人들의 사례를 통해 곧장 확인해 볼 수 있다. 그런데 양명은 우리가 가지고 있는 마음이 곧 성인들의 그 마음이라고 말한다. 성인의 마음과 내 마음은 궁극적으로 같다는 것이다.

양명의 말을 듣다 보면 '누구나 성인이 될 수 있다'는 유학의 목표는 금세 해결될 것처럼 보인다. 하지만 '성인-되기'는 맹자 이후 좀처럼 풀기 힘든 숙제가 아니었던가. 양명 이전에도 이 봉인을 풀기 위해 도전했던 철학적 지성들은 존재했다. 예컨대 중국 유학사의 헤게모니를 700년간이나 장악했던 주자에게 있어 성인은 끊임없는 탐구를 통해 조금씩 다가갈 수 있는 지고한 경지였다. 앎을 지극히 하고 뜻을 성실히 하고 마음을 바르게 하고……. 하지만 이럴 경우 성인은 언제 끝날지 알 수 없는 아득한 시간과의 싸움처럼 돼 버린다.

하지만 성인의 마음과 내 마음은 다르지 않다. 성인이 된다는 것은 성인의 마음을 갖는다는 것을 뜻한다. 성인의 마음을 갖는다는 것은 지금 이곳의 내 마음을 성인의 그것으로 실현시키는 것이다. 성인이 되어 성인의 마음을 실천하는 게 아니라 성인의 마음으로 사는 것, 그것이 성인의 삶인 것이다. 이렇게 성인의 삶은 지금 이곳의 내 마음에 관한 물음으로 돌아온다. 하여 양명은 성인 되기가 앎(지식)의 추구가 아니라 양지(덕성)의 발현임을 강조했다. 왜냐하면 성인의 양지와 나의 양지, 옛날과 지금의 양지는 다른 것이 아니기 때문이다.

 나에게 이미 성인의 마음이 있으니 중요한 건 그 마음을 실천하는 것이다. 즉 내 마음을 잘 행하는 것이 관건인 셈. 여기에서 우리는 심즉리에 이어 양명이 제기하는 지행합일의 문제와 마주치게 된다. 즉 앎과 행은 하나라는 양명의 특별한 지행知行관은 사실 심즉리설의 연장, 아니 심즉리설의 실천 강령이라고 할 수 있다. 마음은 실체가 아니기에 그 자체로는 볼 수도 만질 수도 없다. 또한 마음에는 바깥이 없다. 우리가 우리의 마음을 확인할 수 있는 유일한 방법은 마음이 드러나는 행위뿐이다. 신체란 마음이 주재하는 것이기 때문이다.

 양명 지행관의 독특한 점은 지(앎)와 행(실천)의 일체성에 있다. 앎과 행은 분리되지 않는다는 것, 앎과 행은 하나라는 것. 이 말은 듣기에 따라 그닥 특별할 게 없는 말처럼 보이지만, 조금만 생각해 보면 금세 고개를 갸우뚱하지 않을 수 없다. 무언가를 아는 것과 무언가를 실천하는 것이 어떻게 하나라는 것일까. 양명의 주장은 앎과 실천이 불가분의 관계에 있으며 그렇기에 이 둘 사이에는 간극이 없어야 한다는 말이 아니다. 애초에 앎과 실천은 하나라는 것이다. 과연, 그런가.

 지와 행의 관계에 대한 양명의 주장은 지금까지 당연하다고 생각했던 전제들에 의문을 제기한다. 즉 이제까지 지와 행의 문제는 아는 것과 실천하는 것을 일치시키는 문제였다. 예컨대 주자는 지행일치知行一致를 말했다. 둘이 분리되어서는 안 되지만 굳이 말하자면 앎이 행에 선행한다고도 말했다. 하지만 양명은 '지와 행을 일치시키는'지행일치 것과 '지행은 하나'지행합일라는 두 가지를 구분한다. 양명에게 중요한 것은 앎이 곧 행지=행이고, 행위가 곧 앎행=앎인 지행이지, 아는 것知과 행하는 것行의 일치 문제가 아니었다.

양명이 보기에 '지와 행'이라는 말에는 이미 이들을 서로 다른 두 개의 것으로 보는 시각이 전제되어 있었다. 즉 지행일치는 서로 다른 둘(지와 행) 사이의 간극을 최대한 좁히는 문제다. 하지만 양명에겐 처음부터 둘 사이에 간극이 없다. 지와 행은 다르지 않기 때문이다. 지, 아니면 행이다. 지가 곧 행이고, 행이 곧 지다.

격물格物의 경우에도 그랬지만, 앎이 곧 행이라는 양명의 말은 가까운 제자들에게서도 많은 의문을 낳았다. 공문孔門의 안회顔回에 비견되었던 고제자 서애徐愛도 지행합일에 관해 여러 차례 질문했을 정도였다. 질문의 요지는 이렇다. 지와 행의 일치를 위해서는 행위도 물론 중요하지만 앎을 추구하는 과정 또한 없어서는 안 된다는 것.

그러자 양명 선생, 특유의 논법대로 서애에게 먼저 예를 들어 볼 것을 요구한다. "네 문제(마음)를 가져오라!" 서애는 이렇게 응대한다. "예컨대 이제 부모에게는 마땅히 효도해야 하고 형에게는 마땅히 공손해야 한다는 것을 다 알고 있는 사람이 도리어 효도하지 못하고 공손하지 못합니다. 이것은 바로 앎知과 행위行가 분명한 두 가지의 일임을 보여줍니다."

서애의 대답은 우리가 궁금해하는 정곡을 찌른다. 하지만 양명은 서애의 말에 동의하지 않았다. 우선 양명은 서애가 제기한 '지와 행'이라는 물음에 대해 '지행'이라는 말로 대답한다.

양명의 대답을 보자.

가령 아무개가 효도를 알고 아무개가 공손함을 안다고 말할 경우도 반드시 그 사람이 이미 효도를 행하고 공손함을 행해야만 비로소 그가 효도를 알고 공손함을 안다고 말할 수 있다. 단지 효도와 공손함에 대해 말할 줄 안다고 해서 효도와 공손함을 안다고 말할 수는 없다. 또한 아픔을 안다고 할 경우 반드시 자기가 이미 아픔을 겪어야만 비로소 아픔을 안다고 할 수 있으며, 추위를 안다는 것도 반드시 자기가 이미 추위를 겪었어야 하며, 배고픔을 안다는 것도 반드시 자기가 이미 배고픔을 겪었어야 하는 법이니, 지행(앎=행위)을 어떻게 분리시킬 수 있겠는가? 「서애의 기록」

양명은 묻는다. 효孝를 안다는 것은 무엇인가. 우리가 어떤 사람에 대해 효를 아는 사람이라고 말할 수 있는 것은 무엇 때문인가. 아마도 그것은 그 사람이 효를 행하는 사람이기 때문일 것이다. 즉 우리는 어떤 사람의 효를 이야기할 때 그 사람이 효에 관해 무엇을 배웠는가로 말하지 않는다. 효를 배운다는 말도 이상하지만, 효란 이러이러한 무엇을 뜻하는 것이 아니라 어떤 실천(효행)으로서만 그의 '효'를 말할 수 있기 때문이다.

양명의 말은 분명하고 틈이 없다. 분명 효란 학습을 통해 획득할 수 있는 개념어가 아니다. 통계나 수치로 매뉴얼화할 수 있는 대상은 더더욱 아니다. 효는 실천을 통해서만, 어떤 행위의 효과로서만 등장(현상)하는 것이고 우리는 그러한 현상들을 총칭해 효의 존재를 긍정할 수 있게 된다. 그러므로 효란 행위 혹은 실천이다.

서애의 말처럼 부모에게 효를 행해야 한다고 아는 사람이 효도를 하지 못하는 경우는 앎과 행위가 불일치하는 문제가 아니다. 왜냐하면 효를 행해야 한다고 입으로 말한다고 해서 효를 아는 것은 아니기 때문이다. 우리는 효를 행하는 사람을 보고 효를 아는 사람이라고 말하지, 효를 행해야 한다고 말하는 사람을 보고 효를 아는 사람이라고 말하지는 않는다. 서애의 말대로라면 효에 대해 안다는 것은 효라는 글자에 관한 정의나 효에 관한 개념 등을 학습하는 것처럼 돼 버린다. 이런 것을 효에 관해 아는 것이라고 말할 수 있을까. 양명이 보기에 이렇게 해서 알게 된 것은 효도 아닐뿐더러 효에 대한 앎도 아니다.

앎이 행이다

양명이 '지와 행'이 아니라 '지행'이라고 일관되게 응대하는 핵심을 파악하는 것이 중요하다. 양명의 논리는 사실상 행行을 강조한 것이기 때문이다. 안다는 것은 행한다는 것이다. 행을 통하지 않는 것은 앎이 아니다.

이렇게 되면 우리는 곧 다른 의문을 제기할 수 있다. 봄이 지나면 여름이 온다는 자연 법칙이나 '2+3=5'라는 수학적 진리 같은 것은 앎이 아니냐는 것. 요컨대 여기에 무슨 실천(행)이 있느냐는 것. 하지만 이 경우에도 양명은 이렇게 대답할 것이다. 봄이 지나면 여름이 온다는 것을 아는 것은 행이 없는 앎 자체로 존재하는 것이 아니라 여름에 맞게 옷을 갈아입는다거나 더위를 견딜 방법을 실천하는 것으로서 그의 앎을 알 수 있다고. 또한 '2+3=5'라는 수학적 연산 규칙을 아는 것은 둘에 셋을 더하면 다섯이 된다는 사실을 아는 것이 아니라 둘에 셋을 더해야 하는 경우 다섯이라고 말(또는 생각)해야 한다는 행으로서 그의 앎을 알 수 있는 것이라고.

오해하지 말아야 할 것은 양명의 이러한 주장이 일반적으로 우리가 앎이라고 말하는 것, 즉 학습을 통해 획득되는 지식에 대해 또 다른 앎을 구축하는 것은 아니라는 사실이다. 양명은 일반적인 학습을 통한 지식과 구별되는 실천적 지식을 주장하는 게 아니다. 애초에 앎에는 그냥 존재하는 지식이란 없다고 주장하고 있는 것이다. 두 개의 앎이 있는 것이 아니다. 안다는 것은 어떠한 경우에도 실천과 분리되지 않는다.

이 앎이 바로 양지良知다. 양지는 사람이라면 누구나 가지고 있는 마음의 본체다. 안다는 것은 곧 이 마음의 본체를 밝히는 것이다. 양명의 '지=행'은 마음의 본체에서 이뤄진 앎인 동시에 그러한 마음의 본체가 작동한 행위이다. 본체로서 말하면 지=행이지만, 표현된 것으로서 말하면 행=지이다. 이때 마음과 행위는 그것을 어떻게 바라보았는가에 따라 구별될 뿐 서로 다른 것이 아니다. 행위는 내 마음의 작용적 앎이고, 앎은 내 마음의 본체적 실천이다.

   아는 만큼 행한다는 말이 있다. 나의 앎은 나의 실천과 분리되지 않는다는 것. 하지만 '알지만(알면서도) 미처 하지 못한다(않는다)'는 말도 있다. 폐암에 걸린 환자는 이렇게 말한다. "담배를 끊어야 하는 걸 알지만 중독이 됐는지 끊어지지가 않아." 우리는 이런 말에 무심코 고개를 끄덕이게 되지만, 사실 양명의 지행관에서라면 성립 불가능한 표현이다. '금연을 아는 나'와 '금연하지 못하는(혹은 안 하는) 나', 행위자와 인식자가 분리되어 버렸기 때문이다.

   지식으로서의 앎이란 여기에서 보듯 '아는 나'를 지칭하는 것인데 앎이란 앎 자체로 존재하는 게 아니라 그 앎이 내재된 나라는 현상으로 존재한다. 그런데 이때의 '아는 나'는 '행위하지 않는 나'와 둘이 아니다. 즉 앎 자체라는 말은 언어와 관념이 낳은 착시의 결과이지 실재가 아니다.

   성인이 알지 못하는 게 없다는 것은 다만 하나의 천리를 아는 것이며, 능하지 못한 것이 없다는 것은 다만 하나의 천리에 능한 것이다. …… 천하의 사물, 예를 들면 사물의 명칭, 도수度數 및 초목·금수와 같은 것은 그 번잡함을 이루 다할 수 없다. 성인이 비록 본체가 밝혀졌다 하더라도 어찌 모든 것을 다 알 수 있겠는가? 다만 반드시 알아야 하는 것이 아니라면 성인은 스스로 꼭 알려고 하지 않으며, 마땅히 알아야 하는 것이라면 성인은 스스로 다른 사람에게 물을 수 있다. 「황직의 기록」黃直錄

알지 못함이 없다는 성인의 경우도 모든 것을 다 안다는 말이 아니다. 사물의 명칭이나 지식 같은 것이라면 성인도 모르는 게 있다. 하여 지식으로서의 앎은 처음부터 양명에게는 지행의 문제에서 부차적인 것이었다. 반복되는 말이지만 앎은 행이고 행이 곧 앎이다. 앎은 하나일 뿐이며, 그것이 양지다.

예컨대 다시 한번 '효'孝에 관한 앎을 가정해 보자. 효에 관한 앎이란 부모 앞에서 태도를 어떻게 하고, 어떻게 봉양하는가 하는 식의 예의 절목 등을 기억하는 문제가 아니다. 효란 부모에 대해 내 마음의 정성을 다하는 문제다. 그 정성을 다하기 위해서는 지금 나와 내 부모의 관계 및 현재적 조건 등등의 개별적인 상황들에 따라 가장 합당한 구체적 행위들이 도출된다. 이러한 구체적 행위들은 미리 배워서 학습해 놓을 수 있는 게 아니다. 즉 행위에 앞서 앎이 구성되어 있어야 효가 가능한 것이 아니라 앎=행위를 통해 효가 존재하게 되는 것이다. 내 마음의 본체인 양지로서의 효이거나 구체적 행위로 드러난 효이거나.

양명의 이러한 지행관은 이전의 사유와 비교해서 무엇이 어떻게 달라진 것일까. 만일 사물 등에 관한 견문見聞 등을 앎이라 한다면 우리는 언제나 앎 이후에만 행을 말할 수밖에 없게 된다. 또한 견문의 앎은 시대가 달라질 때마다 계속 늘어날 테니 이렇게 되면 성인으로 추앙되는 기원전 5세기의 공자보다 21세기를 살아가는 현대의 초등학생들이 더 많이 아는 자라고 할 수 있을 것이다.

그러한 앎은 계속 늘어 갈 터이니 그 속에서 지와 행을 일치시키는 것은 끝없는 불일치를 발생시킬 수밖에 없다. 마치 모르는 외국어의 의미를 좇아 사전을 찾으면 외국어로 되어 있는 그 설명에 또다시 모르는 의미가 발생하고, 다시 그 의미를 찾아가면 거기에서 또다시 모르는 의미가 발생해서 그 과정을 끝없이 반복하게 되는 것처럼. 지행일치가 늘상 앎과 행이 일치되어야 하는 당위의 문제로 빠지게 되는 것은 애초에 이 둘을 분리시킨 데서 오는 이와 같은 근본적 불일치 때문이다.

말이 나온 김에 조금 더 나아가 보자. 논리적으로 볼 때, 지행일치가 결국 끝없이 유예되는 둘 사이의 간극을 지시할 뿐이라는 말은 사실상 이러한 구도 속에서는 성인의 출현이 불가능하다는 뜻이기도 하다. 왜냐하면 성인이란 지와 행이 일치된 이들이기 때문이다. 물론 성인은 나면서 아는 자이기에 지와 행을 일치시킬 수 있었지만, 성인이 아닌 평범한 우리들에게 성인의 길은 불가능하다.

그러므로 지행일치에 대한 양명의 반발은 단순히 앎이냐 행이냐의 문제가 아니었다. 양명은 어떻게 해도 성인(훌륭한 인격)이 될 수 없는 이와 같은 근본적 모순에 관해 의문을 제기했다. 양명에게 있어 성인은 일단 많은 지식을 갖춘 그런 사람을 의미하지 않는다. 성인의 앎은 결코 모자란 적이 없지만, 그렇다고 해서 성인은 모든 것을 아는 사람도 아니기 때문이다. 성인의 경우에서 증명되듯, 앎의 양은 성인의 삶과 관련이 없다. 성인의 앎은 좋은 앎, 즉 양지다. 좋은 앎은 반드시 행위를 떠나지 않으며, 행위로서만 증명되는 그러한 앎이다.

성인의 앎과 행위에는 간극이 없다. 우리가 성인에게서 보는 것은 앎=행이거나 행=앎일 뿐이다. 성인은 자신의 본마음, 즉 양지를 속이지 않는 사람이다. 성인은 자신의 행위로써 마음의 본체를 온전히 드러내 보여 주는 사람이다. 성인의 지행합일은 성인만이 가능한 어떤 경지를 가리키는 말이 아니다. 지행이 분리되지 않아서, 앎으로 행을 시작하고 행으로 앎을 완성하는 존재들이 성인인 것이다. 성인이 지행합일하는 게 아니라, 지행합일하는 이가 성인이다.

행이 앎이다

그런데 이상하다. 양명 말대로 지행은 본래 둘이 아닌데, 어째서 양명이 살아가던 당시에도 또 오늘날에도, 우리는 지와 행의 불일치한 현상들을 단절하지 못하는 것일까. 예를 들어, 담배를 끊지 못하는 폐암 환자나 뇌물을 받는 공무원, 혹은 권력을 이용해서 특혜를 누리는 정치인, 과장 혹은 허위 광고로 상품을 파는 기업 등등 우리 자신을 포함해서 이와 같은 지행의 불일치를 발견하는 일은 그다지 어려운 일이 아니다. 지행합일이 증명하기 어렵지 지행불일치는 사실상 증명이 필요 없는, 일종의 공통상식이 아닐까. 사정이 이러한데도 양명의 말처럼 지행은 본래 하나, 라고 말할 수 있을까. 아니 그렇게 말하는 것이 무슨 의미가 있을까.

일단 방금 전 말한 모든 사례들은 양명의 지행 논의와 무관하다. 아니 저들이야말로 바로 양명의 지행관을 정확하게 증명해 주는 사례들이다. 왜냐하면 저들은 지와 행이 불일치한 게 아니라, 정확히 지행합일한 것이기 때문이다. 양명은 보통의 경우 지와 행이 불일치한다고 말하는 것에 대해 그것은 지와 행이 원래 둘이어서 그런 것이 아니라, 다만 아직 알지 못한 결과라고 말한다.

양명에 따르면, 담배를 끊지 못하는 폐암 환자는 담배를 끊어야 하는 것을 알지만 아직 금연을 행하지 못한 게 아니다. 요컨대 그의 앎은 정확히 그의 행위와 일치한다. 즉 그 환자는 지금 현재 자신이 담배를 한 개비 더 피운다고 해서 피우는 즉시 바로 죽지 않는다는 사실을 알고 있는 사람인 것이다. 한마디로 그는 완벽한 지행합일자다.

행위行는 앎知과 표리 관계를 이룬다. 행은 앎에서 비롯되고 앎은 행에서 이루어진다. 이 말은 자칫 앎과 행 사이의 간극을 내포하는 듯하지만, 양명은 지행합일의 근본취지를 이해한다면 이들을 두 가지라 부르는 것도 무방하다고 했다. 양명에게 중요했던 것은 우리의 존재 자체가 이미 어떤 행이고 그것은 또한 어떤 앎의 사실이라는 것이다.

그러므로 그 행동을 보면 우리는 그가 어떤 사람인지 알 수 있다. 여기에도 한 가지 주의할 점이 있다. 양명에게 행은 보통 우리가 생각하는 것과 같은 신체적이고 물리적인 행위 동작만을 의미하지 않는다는 점이다. 마음이 움직이는 모든 것이 행이다.

예를 들어 마음에 어떤 생각이 떠올랐다면 (양명은 이것을 뜻意이라한다. 뜻은 마음이 작동한發 것이다) 그것도 행行이다. 어떤 사람이 물건을 훔치고 싶다는 마음을 먹었다고 해보자. 그 마음은 비록 사욕이지만 어찌됐건 사욕에 가려진 내 마음이 발동한 것이다. 나를 떠난 내 마음의 발동이 있을 수 있는가. 그 마음은 결국 이 '나'이고, 그런 점에서 이미 행行이다. 간단히 말하자면 탐욕의 마음을 일으킨 그 순간 도둑질이라는 행위는 시작된 것이다. 양명은 말한다. 누군가 갈증을 느껴 물을 마시고자 한다면, 행은 물을 마시는 동작부터가 아니라 물을 마셔야겠다고 그 생각意이 작동한 순간으로부터 시작된 것이라고.

사람은 반드시 먹고자 하는 마음이 있은 뒤에야 밥인 줄 안다. 먹고자 하는 마음이 바로 의향意이며, 바로 행위의 시작이다. 음식의 맛이 좋은지 나쁜지는 반드시 입에 넣은 뒤에야 안다. 어떻게 입에 넣지도 않고 음식 맛이 좋은지 나쁜지를 먼저 알 수 있겠는가? (무릇 사람은) 반드시 걷고자 하는 마음이 생긴 뒤에야 길인 줄 안다. 걷고자 하는 마음이 바로 의향意이며, 바로 행위의 시작이다. 갈림길이 험한지 평탄한지는 반드시 몸소 걸은 뒤에야 안다. 어떻게 몸소 걸어가 보지도 않고 갈림길이 험한지 평탄한지를 먼저 알 수 있겠는가? 「고동교에게 답하는 글」

양명은 '지=행'이라는 자신의 주장이 "병을 치료하기 위한 약"知行合一,正是對病的藥이라고 말한다. 하지만 이것은 양명 자신이 근거 없이 지어낸 말이 아니라, 앎과 행위의 본체가 원래 그러한 것이기 때문이다. 아는 것과 행하는 것의 철저한 합일을 주장하는 양명의 논의를 따라가다 보면 우리는 어느새 인식의 대상과 인식 주체, 그리고 그 인식 주체가 벌이는 행위가 서로 개별적인 것이 아니라 상호 연기緣起된 관계라는 사실에 이르게 된다.

아마도 이것은 양명의 문도들이 스승의 말씀을 간추리면서 체득의 중요성을 강조한 '전습'傳習이라고 이름 붙인 이유와도 무관치 않을 것이다. 내 마음이 성인의 마음이라는 깨달음이 지행합일설로 바로 이어졌던 것은, 인식론과 존재론, 그리고 윤리론을 하나로 아울렀던 양명 사유의 철저한 일원적 체계에 대한 정직한 응답이었던 셈이다.

양명은 주자의 지행일치설에 대해 마음 바깥에서 이치理를 구하는 격이라고, 그렇게 되면 마음과 이치가 둘로 나누어지는 것이라고 비판했다. 마음과 이치가 나누어져 버리면, 사람들은 마치 마음이 이치를 구해 나아가야 하는 것으로 마음과 이치의 관계를 이해하게 될 것이다. 마음心과 이치理를 구분하고 있기 때문에 주자에게 지행은 먼저 앎(지)을 이루고 그 앎이 실천(행)하는 문제로 인식되었다는 것이다. 하여 양명은 주자가 마음과 이치를 구분함으로써 자연스럽게 지와 행 또한 분리되어 버렸다고 말한다.

한편 양명의 지행합일은 지와 행을 분리시키는 관점으로는 해결할 수 없는 현실적 문제들에 대한 대답이기도 했다. 그 현실적 문제들에는 교조화된 선현의 답습 및 형식화되고 절목화된 예禮의 표리부동함도 포함되어 있었다. 양명은 주자 역시도 이러한 결과를 의도하지 않았으며 옳다고 여기지도 않을 것이라고 믿었다. 자신이 주자를 어기게 된 것은 주자와 다른 마음을 가졌기 때문이 아니라 오히려 같은 마음이라고 생각했다. 하지만 작은 차이일망정 차마 외면해 버릴 수 없는 곳에서 양명과 주자는 끝내 하늘과 땅의 차이만큼 벌어지고 말았다.

모든 행은 내 마음을 벗어나지 않는다. 즉 마음 바깥에는 행이 없다. 이는 마치 나쁜 냄새를 맡으면 인상을 찡그리는 것과 같다. 나쁜 냄새에 대한 앎이 따로 있고 그것을 알게 되어 인상을 찡그리는 것이 아니라, 그 찡그림이 나쁜 냄새라는 내 마음(양지)의 발현인 것이다. 때론 어떤 이들은 그 냄새를 맡고도 인상이 찡그려지지 않을지 모르겠다. 그렇다면 이것은 그들이 자기 자신의 양지를 속이고 있기 때문이 아니라 그들에게는 실제로 악취가 없기 때문이다. 나쁜 냄새라는 앎은 냄새 안에 있지 않다. 그리고 찡그림과 찡그리지 않음은 나의 앎, 나의 마음이다. 행이 앎이다.

2
사상마련事上磨鍊:
일상을 사건화하기

공부는 실천이다

아는 것知은 이미 행行이고, 행은 앎의 표현이다. 앎과 행의 이러한 관계는 기존의 지행 관련 논의가 행에 대한 앎의 선차성을 묵인했던 것과 비교해 행의 강조였다고 할 수 있다. 하지만 양명의 지행 논의를 단지 지와 행의 선후 관계라거나 지에서 행으로 강조점을 이동했다는 식으로 이해해서는 곤란하다. 지행 논의는 양명 사상의 일원적 성격의 한 특징이기 때문이다.

엄밀히 말해 선지후행先知後行(앎이 앞서고 행은 그에 따른다)과 선행후지先行後知(행이 먼저고 앎은 그 다음)는 인식의 발상 측면에서 볼 때 동일한 것이다. 선지후행이건 선행후지이건 지와 행을 서로 다른 것으로 인식한 기반 위에서 논의하는 것이기 때문이다.

양명의 지행합일이 일관되게 지적하고 있는 지점은 이와 같은 지와 행의 구분이 잘못이라는 것이었다. 양명의 지행합일은 선지후행/선행후지의 구도가 아닌 '지=행'이라는 기반 위에 서 있었다. 그러므로 취지만 제대로 이해한다면 양명 철학에서 앎을 강조하든 행을 강조하든 그 자체로 문제될 것은 없다. 주자학이라는 견고한 기존의 패러다임과 맞서야 했고, 또한 전쟁터의 장군-철학자였던 양명에게 구체적인 실천 행위로부터 실제적이고 효과적인 문제를 제기하는 것이 더 절실하고 적절했을 뿐이다.

영미권에 번역·소개된 『전습록』의 영어판 제목은 'Instruction for Practical Living'(실천적 삶을 위한 가르침)이다. 번역을 맡았던 대만의 석학 진영첩陳榮捷은 양명 철학을 한마디로 소개하는 표제에서 양명 철학의 실천적 성격을 강조했다. 따지고 보면 애초 스승의 가르침을 묶어 편찬하면서 표제를 고민했을 양명의 최초 제자들에게도 역시 스승의 가르침을 일이관지하는 핵심은 그 부단하면서도 자발적인 실천성에 강조점이 있었다. 『논어』「학이」편에 전거를 두고 있는 전습傳習이란 말은 스승에게서 전수傳받은 것을 익힌다習는 뜻이다.

그런데 실천적이라는 이 말에는 배우는 자들은 삶의 올바른 길을 찾는 것이 하나의 의무이자 권리라는 의미 또한 내포되어 있다. 공부의 목적은 스승으로부터 새로운 것을 배우는 데 있는 것이 아니라 그 배움을 나의 것으로 체득하는 데 있다. 물론 스승의 가르침과 나의 부단한 실천은 분리되는 게 아니다. 스승의 가르침으로부터 그것이 내 몸에 육화되는 모든 과정이 '전傳=습習'이다. 이런 이유로 양명 문하의 공부는 내 한 몸을 떠나지 않는다. 단 한순간도 나를 떠나지 않는 공부, 그것은 바로 이곳에서 내 존재와 삶이 곧 세계이자 우주의 전부임을 의미한다. 우리는 늘 이와 같은 공부의 현장 속에 있다는 것. 양명은 이것을 구체적인 일, 즉 사건事이라 불렀다.

> 무릇 '반드시 일삼음이 있어야 한다'必有事焉는 것은 단지 '의로움을 쌓는'集義 공부일 뿐입니다. '의로움을 쌓는' 공부는 단지 '양지를 실현하는'致良知 공부일 뿐입니다. '의로움을 쌓는다'고 말하면 핵심을 단번에 드러내지 못하지만, '양지를 실현한다'라고 말하면 곧바로 공부할 수 있는 실제적인 토대가 있게 됩니다. 그러므로 저는 오로지 치양지만 말합니다. 그때그때의 구체적인 일에서 그 양지를 실현하는 것이 바로 격물格物입니다. 착실하게 그 양지를 실현하는 것이 바로 성의誠意입니다. 착실하게 그 양지를 실현하되 사적인 의도意, 기필必, 고집固, 자아我가 조금도 없는 것이 바로 정심正心입니다. 「섭문울에게 답하는 두번째 서신」答聶文蔚 二

반드시 일삼음이 있어야 한다는 말에서 일事삼는다는 말은 매 순간의 삶을 어떤 사건으로 만든다는 말이다. 여기서 '사건'은 '특별하게 발생한 어떤 것'(사고, 이벤트)이 아니다. 사건이란 일상의 모든 것이다. 즉 공부란 일상과 한시도 분리되지 않는다는 뜻이다. 왜냐하면 공부란 마음의 본체를 회복(혹은 실현)하는 것인데, 마음은 한순간도 나를 떠나 존재하는 것이 아니기 때문이다. 양명은 이처럼 매 순간 내 마음의 본체를 실천하는 것을 '의로움을 쌓는' 공부라고 했다. 의로움을 쌓는 공부(집의), 그것이 바로 치양지고, 격물이고, 성의고, 정심이다.

공부는 나의 마음이 나의 행위와 분리되지 않는다는 것을 깨닫는 데서, 즉 일상과 사건이 분리되지 않는 데서 언제나 지속되는 현재형이다. 일상이 사건이고, 사건이 곧 일상이다. 공부는 지금 여기에 있는 나의 일상을 매 순간 사건화한다. 공부는 매 순간 나를 사건 속에 데려다 놓는다.

나를 위한 공부

공부工夫는 쿵푸功夫라는 말이 있다. **고미숙, 「공부의 달인, 호모 쿵푸스」**. 일단 두 말은 중국어 발음이 같다. 공부가 쿵푸라니? 쿵푸라는 말을 들으면 이소룡이나 성룡 혹은 팬더가 떠오르는데. 하지만 쿵푸란 본래 '숙달된 능력'이란 뜻을 가지고 있다. 그러니 공부와 다를 게 없다. 공부 또한 단지 책상에 앉아 지식을 습득하는 행위가 아니다. 공부란 앎을 통한 지혜로운 삶의 숙달을 향해 나아가는 과정 전체를 지칭한다. 공부에 관한 편견은 지식과 삶을 분리시킨 현대인들의 발명품에 지나지 않는다.

또한 공부는 삶이다. 언제든 어디에서든 끊이지 않는다는 것이다. 그것은 마치 숨쉬기를 멈출 수 있는 삶이 없는 것과 같다. 그러므로 삶이 계속되는 한 공부에 끝은 없다. 누구나 할 수 있지만 언제라도 가능하지만 멈출 수는 없다는 것, 그것이 공부다.

따라서 공부는 특별한 사람들의 전유물도 아니다. 거창한 학문이나 이론 혹은 지식의 문제는 더더욱 아니다. 우리가 공부하는 이유는 좀더 잘 살기를 바라기 때문이다. 그런데 더 잘 산다는 말은 무엇인가? 아마도 그건 오늘의 내가 어제의 나와 다르기를 바라는 것이 아닐까? 즉 공부는 오늘의 나보다는 조금 더 좋아지는 내일의 나를 욕망하는 것이다. 그런데 무엇으로, 어떻게?

생각해 보면 우리는 태어나면서부터 공부 즉 배움을 통해 삶을 이어가고 있다. 살기 위해 혹은 배고프지 않기 위해 엄마 젖을 빠는 법을 배워야 했고, 걷는 법을, 말하는 법을, 그렇게 자신의 욕망을 실현하는 법을 배워 간다. 이 모든 과정에서의 공부는 어쨌든 잘 살기 위해서였다고 할 수 있다.

그런데 오늘날 우리의 공부는 왜 삶과 분리되어 버렸을까? 아마도 그 이유는 공부 자체가 내가 원한 좋은 삶의 과정임을 믿지 못하기 때문일 것이다. 공부를 통해 다른 어떤 삶, 더 좋은 삶, 더 풍요한 삶, 더 안정적인 삶 등등을 따로 어딘가에서 얻을 수 있다고 생각하기 때문일 것이다. 하지만 생각해 보자. 이 문제는 더 좋은 삶을 사회에서 힘(권력)을 누리는 직업이나 경제적인 여유 등으로밖에 생각하지 못하는 한 절대 해결되지 않는다. 왜냐하면 이미 그러한 삶을 좋은 삶이라고 전제하고 있기 때문이다. 좋은 삶이란 공부든 뭐든 경제력과 정치권력을 획득하는 문제라는 기본 구도에서 빠져나오지 못하는 한 공부는 삶의 대상에 불과해질 뿐이다. 이런 현실에서 공부가 곧 자신의 존재를 확인하는 일삼음의 구체적 현장이 되는 일은 불가능하다. 예컨대 한국에서 고3 수험생의 공부가 대학 진학 외의 다른 이유일 수 있을까.

물론 공부에 대한 이런 태도가 전근대 시기라고 해서 전혀 달랐던 것은 아니다. 양명이 살던 시대에도 많은 사대부 자제들은 관료가 되기 위한 과거시험 공부에 매진했다. 그리고 그들의 고민도 오늘날 우리들의 고민과 크게 다르지 않았다. 하지만 그럼에도 불구하고, 사대부란 지식과 권력만큼이나 도덕성에 대한 자부심이 충만한 계급에 대한 이름이었다는 사실을 간과해서는 안 된다. 예컨대 황수이黃修易라는 제자는 이렇게 말했다. "글을 읽는 것은 이 마음을 조절하여 다스리는 일로서 빠뜨릴 수 없는 것입니다. 그러나 글을 읽을 때 과거시험에 대한 생각이 따라오는데, 어떻게 하면 이를 면할 수 있습니까?"

> 선생께서 대답하셨다. "양지가 참되고 절실하기만 하면 비록 과거시험 공부를 하더라도 마음에 누가 되지 않는다. 설령 (마음에) 누가 되더라도 그것을 깨달아 극복하기가 쉽다. 가령 글을 읽을 때 양지가 억지로 암기하는

마음은 옳지 않다는 것을 알게 되면 곧 그것을 극복하여 제거하며, 빨리 효과를 보려는 마음이 있는 것은 옳지 않다는 것을 알게 되면 곧 그것을 극복하여 제거하며, (지식이) 많은 것을 자랑하고 화려함을 다투는 마음이 있는 것은 옳지 않다는 것을 알게 되면 곧 그것을 극복하여 제거한다." 「황직의 기록」

공부를 자신의 삶에서 소외시키지 않는 방법으로 제시된 양명의 진단은 이번에도 역시 간명하고 명쾌하다. 어떤 공부든 그 마음의 본체로부터 우러난 참되고 절실함에 기반해야 한다는 것. 하지만 말은 간단해도, 예나 지금이나 그것을 현실화한다는 것은 무척 어려운 과제인 게 틀림없다. 다만 이런 공부 저런 공부가 따로 있지 않다는 양명의 말은 새겨 둘 필요가 있다. 과거시험 공부와 양지를 실현하는 공부가 따로 있는 것은 아니다. 왜? 공부는 결국 자신을 위한 것이기 때문이다.

만인의 스승 공자는 배움을 청하는 이들에 대해서는 대체로 가리지 않고 가르침을 베풀었다. 하지만 여기에는 분명한 전제가 있었는데, 그것은 배움을 청하는 자가 기꺼이 배우려는 마음을 일으키는 경우에 한정한다는 점이었다. 예컨대 공자는 스스로 분발하지 않으면 깨우쳐 주지 않았으며, 한 부분을 가르쳐 주었는데도 배우는 이가 그에 응대하지 않으면 다시 가르치지 않았다. 공부는 나에게 절실한 문제로부터 힘을 얻는다. 그러므로 공부는 자신을 위한 것, 즉 위기지학爲己之學이어야 한다고, 공자는 말했다.

공자뿐만이 아니다. 석가모니 부처는 공자 못지않은 위대한 스승이었지만, 한 제자가 우주의 시작과 끝을 묻자 대답해 주지 않았다. 왜 그랬을까. 어떤 사람이 산 속에서 뱀에게 물리는 사건이 발생했다면 지금 그에게 필요한 건 최대한 빨리 독으로부터 몸을 지키는 일이기 때문이다. 절체절명의 순간에 자신의 산행을 후회하거나, 간밤에 꾸었던 뒤숭숭한 꿈자리를 따지거나, 건강을 위해 등산을 권유했던 의사 선생님을 원망하거나, 혹은 독사의 생김새와 종류를 따져보며 독의 종류를 분석하는 등의 행동은 지금 이 순간 전혀 쓸모가 없다. 물음은 뱀의 독과 자신의 신체가 마주친 그 사건(일) 위에서 이루어져야 한다. 지금 나에게 화급한 문제를 내버려두고 우주의 기원이나 추상적인 공리공담에 시간을 낭비하는 건 올바른 공부의 태도가 아니다.

그러니 나를 통해 구체적인 일상을 사건화하고 그 안에서 지금의 나로 하여금 더 좋은 삶을 향해 온 마음을 쏟아 내는 것, 그것이 공부다. 구체적인 사건 위에서 최선의 앎을 찾기! 양명은 이와 같은 상황을 일컬어 '사건에서 갈고 닦는 것'(사상마련 事上磨鍊)이라고 했다. 좋은 삶=좋은 앎의 길은 지금 내가 놓여 있는 바로 이 현장에서 이루어져야 한다.

어느 날 한 제자가 양명을 찾아와 이렇게 호소했다. "선생님, 저는 선생님의 가르침을 좋아합니다. 그런데 저는 지방 관리로서 잡무가 너무 많아 매일같이 이곳에 나와 선생님의 가르침을 배우고 따를 수가 없습니다. 전 그것이 너무 괴롭습니다." 그러자 양명 선생은 이렇게 대답했다. "누가 자네한테 책상에 앉아 공부하라고 하던가? 직장을 그만두라고 하던가? 내가 그러던가? 아니다. 우리의 도는 그런 것이 아니다. 네가 있는 그곳이 네가 공부할 곳이다. 관리라면 관리로서 자신의 소임에 따라 공부하는 것이다. 송사訟事에 억울함은 없는지, 구휼에 치우침은 없었는지, 제도에 미비한 점은 없는지 등등 자신이 구체적으로 부딪치는 곳에서 날마다 자신의 공부가 이루어진다." 「진구천의 기록」

또 한번은 이런 일도 있었다. 고향을 떠나 양명이 있는 곳에서 함께 지내던 제자가 있었는데, 그의 고향집에서 편지가 왔다. 내용인즉 아이가 몹시 아파 사경을 헤매고 있다는 것! 며칠을 번뇌하다가 이 제자는 스승을 찾아갔다. "선생님, 집에서 편지를 받은 후론 머리가 어지럽고 도무지 공부가 되질 않습니다." 그러자 양명이 말한다. "지금이야말로 공부의 적기適期다. 바로 이럴 때가 아니면 한가한 때의 공부가 무슨 소용이 있겠는가. 아비가 자식을 사랑하는 것은 물론 지극한 정이다. 하지만 천리天理에도 본래 치우침이 없고 절도에 맞는 곳이 있는 법이다. 그것을 지나치면 아비 자식 사이의 정이라도 사사로운 뜻이 되고 만다. 사람들은 이런 상황에서 마땅히 근심하는 것이 천리라고 생각해 그저 근심하고 괴로워하기만 하는데, 희노애락 등의 감정에는 자칫 지나치게 되는 때가 많은 법이다." 「육징의 기록」

양명의 이 일화는 공부란 어떠한 순간에도(자식이 아플 때에도) 멈추지 않는다는 뜻이다. 자식이 아파 죽어가더라도 공부하는 사람은 꿋꿋이 공부만 해야 한다는 말이 아니다. 양명의 강조점은 공부란 일상(삶)과 분리될 수 없다는 데 있다. 공부란 단지 책을 읽고 구절을 암송하는 데 있는 것이 아닌 것이다.

자식이 응급한 상황이란 물론 중요한 순간이다. 당연히 최선을 다해 마음을 써야 하는 사건인 것이다. 이런 순간에 사람들은 종종 평정심을 잃어버린다. 이는 평상시의 공부가 왜 필요한지 알게 해준다. 공부란 마음을 써야 하는 곳에 마땅히 마음을 쓰는 것이기 때문이다. 하지만 마땅히 마음을 써야 한다는 사실에 휘둘려 자칫 마음의 중심을 잃는다면 그것은 제대로 된 공부가 아니다. 평상시에 공부를 중요히 여기는 것은 위급한 순간에 힘을 얻기 위해서다.

다른 한편으로 생각해 보면, 마음이 괴롭고 흔들리는 일이란 딱히 특별한 일도 아니다. 정도의 차이는 있겠지만 우리는 늘 마음의 부침 속에 있다. 마음의 부침은 우리의 생명이 타 버린 재가 아니라 언제나 활발발한 기운으로 살아 있다는 증거다. 그러므로 마음의 평안을 갈구하는 공부란 일상에서 아무런 일이 일어나지 않기를 바라는 것이 아니다. 마음은 언제나 사건과 더불어 존재한다. 사건이 있는데도 마음이 전혀 반응하지 않는다면 그것이야말로 살아 있는 마음이 아니다. 유학은 살아 있는 사람들의 활발발한 삶에 관한 물음이고 대답이다. 유학의 성인들은 죽은 나무나 꺼진 불씨처럼 고요하기만 한 마음의 소유자들이 아니다.

그들은 우리와 똑같이 혹은 우리보다 더 극심한 사건과 사고를 경험했던 사람들이었다. 성인들의 공통점은 그러한 숱한 사건과 일들 속에서도 마음의 중심을 잃지 않는다는 데 있다. 사건이 일어나는 것을, 마음이 흔들리는 것을 두려워하지 말자. 사건은 내 공부를 가늠하는 최고의 공부 자리다.

백척간두진일보

살아가는 모든 일이 결국 공부일 뿐이라는 양명의 말은 공부가 특별한 사람들의 특별한 행위가 아니라는 점을 지적해 준다는 점에서 울림이 크다. 그런데 마음의 평정을 잃게 할 만큼 극한 상황으로 우리를 몰아가는 어떤 사건들이 진짜 공부가 필요한 순간이고 공부가 작동할 순간이라면, 공부를 위해서는 일부러 사건 사고를 만들어야 할까 하는 의문도 생긴다. 삶이 험난해야 공부가 는다?

   불교에서는 깨달음을 가르치는 비유의 말로 백척간두진일보百尺竿頭進一步라는 말을 쓴다. 말 그대로 백 척 높이의 아슬아슬한 장대 끝에서 한 걸음 내딛는다는 뜻인데 생각만 해도 아찔한 말이 아닐 수 없다. 그런데 이 말을 가만히 살펴보면 진정한 삶이란 백 척의 장대 끝에 있다, 그만큼 험난하고 고되다, 라는 것이 아니다. 깨달음은 그 장대 끝에서 다시 한 발을 내딛는 데 있다. 죽어야 깨닫는다는 뜻인가.

그대들은 여기서 기필코 성인이 되겠다는 마음을 세우는 데 힘써야 한다. 반드시 몽둥이로 한 대 내려치면 한 줄기 맷자국이 남고, 손바닥으로 한 대 내려치면 손바닥만 한 핏자국이 생기도록 시시각각 절실하게 힘써야 비로소 내 말을 알아듣고 구절마다 힘을 얻을 수 있다. 만약 흐리멍텅하게 세월만 보낸다면 마치 한 덩어리의 죽은 육신이 때려도 아픔을 알지 못하는 것과 같아서 끝내 일을 이루지 못할 것이다. 집으로 돌아가더라도 다만 종래의 기량을 찾을 수 있을 뿐이니, 어찌 애석하지 않겠는가? 「황이방의 기록」

깨달음에 필요한 건 극한 상황이 아니라 깨닫겠다는 뜻을 세우는 것이다. 기필코 마음의 본체良知를 실현하는 좋은 삶을 살겠다는 마음은 지금 당장 이 자리에서 시작되어야 한다. 반드시 지금 자신이 발딛고 서 있는 이 자리에서 몽둥이로 한 대 내리치면 맷자국이 남도록, 손바닥으로 내리치면 손바닥만 한 핏자국이 남도록 절절하게 덤벼들어야 한다.

마음이 요동치는 사건 사고 위에서 절실하게 공부하라는 양명의 말이든 백 척 장대 끝에서 한 발 내디디라는 불교의 가르침이든 핵심은 험난함이 아니다. 공부란, 아니 삶이란 지금 살아가고 있는 나를 사건화하는 것이고, 지금 나의 자리를 백 척의 장대 끝으로 삼는 데서 이루어진다. 나의 삶이 매 순간 사건의 현장現場이 되어야 한다는 뜻이다. 요컨대 공부는 이렇게 일상을 사건화하고 바로 그곳에서 공부의 현장을 만드는 문제인 것이다.

삶은 탄생과 죽음이 있지만 그것이 곧 공부의 시작과 끝은 아니다. 양명의 삶에서 보듯 죽음은 삶의 끝이 아니라 하나의 사건일 뿐이다. 어떠한 사건도 공부의 끝을 의미하지는 않는다. '이 마음'이 있는 한 공부에 끝이란 없다. 그러므로 공부란 그저 이제까지의 나로부터 조금 더 나아가겠다는 마음이다. 방금 전까지의 나에 머물지 않겠다는 의지인 것이다. 양명은 이를 "한 구간을 가야만 다음 구간이 보이"는 문제라고 했다. 좋은 삶을 찾아가는 여정은 이렇듯 다른 '나'로 살아가는 것이다.

군자의 학문은 반드시 날마다 새로워지는 것이라고 정자程子는 말했다. 날마다 새로워진다는 말은 날마다 다른 삶을 살아간다는 뜻이다. 어떠한 삶도 항구적인 것은 없다. 삶은 흐른다. 나아가기도 하고 때론 물러서야 할지도 모른다. 중요한 건 삶은 명사가 아니라 '살다'라는 동사란 사실이다. 양명은 어차피 멈출 수 없는 삶이라면 이왕이면 나아가는 삶이어야 한다고 믿었다. 그것이 양명의 치양지다. 치양지는 나날이 다른 삶을 실천하는 것이고 그럼으로써 매 순간 양지를 더욱 확충하는 것이다.

치양지는 실천하는 삶이다. 사람은 타고난 재능과 능력과 기질 등이 각기 다르다. 그렇기에 깨달음이란 누구나 똑같이 성취해야 할 어떤 실체나 결과가 아니다. 좋은 삶(좋은 공부)이란 저마다 자신의 자리에서 재능과 능력과 기질 등에 따라 마음의 본체를 실현하는 데 있다. 여기에는 어떠한 위계도 없다. 누구나 자기 자리에서 출발해 배움을 통해, 즉 실천을 통해 각기 다른 자신의 마음을 완전히 실현하는 삶, 그것이 성인의 삶인 것이다.

 그렇다면 배워야 할 게 많다는 것, 공부할 거리가 많다는 것은 그만큼 내가 행할 실천 거리가 많이 있다는 뜻이니 오히려 기껍고 행복한 일이 아닌가. 공부란 백 척의 장대 끝에 서기 위해 나아가는 과정이기도 하지만, 깨달음은 백 척의 장대 끝에서 한 발을 내딛는 데서 이루어진다. 하지만 이 둘은 분리되지 않는다. 다시 말해 백 척 끝에 가는 과정이 있은 후에 한 발 내딛는 순간이 따로 있는 게 아니다. 지금 이곳에서 내 공부를 백 척 끝으로 밀어붙이고 그 끝에서 한 발을 내딛는 용기를 동시에 일으키는 공부, 그것이 양명이 말하는 마음의 본체가 온전히 실현되는 깨달음의 순간이자 공부이다.

3
만물일체萬物一體 :
나와 우주

나와 세계

마음의 본체인 양지를 실현하는 것은 궁극적으로 나의 삶을 성인으로 이끄는 방법이었다. 하지만 『대학』에서 말하는 학문의 궁극적 목표인 세 개의 강령 중에는 내 마음의 밝은 덕을 밝히는 일明明德 외에도 사람들을 가까이 여겨 가르치고 길러 낸다는 뜻의 '친민'親民도 있었다. 즉 성인의 공부는 나 자신의 훌륭한 삶을 지향하는 문제이면서 동시에 다른 사람들과의 관계에서도 그 역량이 발휘되어야 하는 것이었다.

양명의 치양지는 『대학』의 삼강령인 '명명덕'과 '친민'을 잇는 인仁의 실현이다. 잘 알려진 바와 같이 유학에서 인을 강조한 최초의 인물은 공자였다. 하지만 공자는 인이 무엇인가를 명확히 지시하지 않았다. 그 이유는 공자에게 인은 개념이 아니라 실천의 문제였기 때문이다. 『논어』에 백여 차례 언급되고 있는 인은 구체적인 상황 속에서 삶을 실천하는 문제로서 제시된 것이지 인이라는 개념을 추상화하기 위한 목적은 아니었다. 예컨대 '사람을 사랑하는 것'愛人이라든가 '자기를 이기고 예로 돌아가는 것'克己復禮, 혹은 '자기가 서고자 하는 곳에 다른 사람을 세워 주고, 자기가 이르고자 하는 일에 다른 사람을 이르도록 해주는 것'夫仁者, 己欲立而立人, 己欲達而達人 등은 인의 구체적 표현이지 인에 대한 개념적 정의가 아니다.

맹자는 공자가 제시한 '인'의 용법들을 자기 식으로 해석한 최초의 인물이다. 맹자는 공자에 의해 강조된 '인'을 이전보다 더욱 복잡하게 얽힌 현실 문제 속에서 설명해야 했다. 맹자는 특유의 논변을 통해 이것을 사단四端설로 풀어낸다. 인간의 본성인 인의예지仁義禮智를 구체적이고 현실적인 네 개의 마음에 비추어 증명했던 것인데, 이것이 유명한 측은지심惻隱之心·수오지심羞惡之心·사양지심辭讓之心·시비지심是非之心이다. 맹자는 사람이라면 누구나 가지고 있는 보편적인 본래 마음으로 이와 같은 네 개의 마음을 설명하고, 이들을 인의예지라고 하는 본성을 확인케 해주는 구체적인 단서端라고 보았다. 이로써 사람은 누구나 똑같은 본성을 갖추고 있다는 유학 심성론의 근거가 마련된다.

의서에는 '손발의 마비가 불인不仁'이라고 하는데, 이 말이 가장 잘 표현되었다. 인자仁者는 천지만물을 일체로 삼아 모두 자기 아닌 것이 없다. 자기 자신이라고 확실히 인식하면 이르지 못할 것이 어디 있겠는가. 만일 (인이) 자기에게 있는 것이 아니라고 하면, 스스로 자기와는 관계없게 되니 마치 손발이 '불인'(마비)한 것과 같다. 기가 통하지 않으면 모두 자기에게 속하지 않게 된다. 따라서 널리 베풀고 대중을 구한다는 것(박시제중博施濟衆)은 성인의 공용功用이니, 인은 말하기가 지극히 어렵다. 그러므로 "내가 서고자 하는 곳에 다른 사람을 서게 하고, 내가 이루고자 하는 것을 다른 사람이 이루도록 한다. 능히 가까운 데서 비유를 취할 수 있다면 인의 방법이라고 할 만하다"라고만 말했을 뿐이다. 이와 같이 인을 보고자 한다면, 인의 체를 얻을 수 있다. 정명도, 「이정집」

맹자 이래 1,400여 년이 지난 후 북송의 유학자인 정명도程明道(정호)는 인의 근본 원리를 새롭게 해석했다. 정명도는 인의 특성을 소통이라고 보았다. 인한 사람은 천지만물과 한 몸이 된다는 것이다. 즉 만물을 하나로 여기는 마음이 인이다. 인체로 따지면 한 몸 안에서 막혀 마비되는 곳 없이 두루두루 몸이 제대로 흐르는 것이다.

양명은 학문을 하는 사람이 간혹 깨뜨리지 못하는 병통으로 '선善을 다른 사람과 함께하지 못하는 것'에 있다며 탄식하곤 했다. 물론 성인은 자신을 위해 학문하는 사람들이기 때문에 공부 그 자체를 중시할 뿐 그 효험을 중시하지는 않는다. 하지만 또한 성인의 어진 삶은 자신을 위할 때에도 그 효험이 한 몸에 국한되지 않는다. 왜냐하면 성인의 위기지학爲己之學, 즉 자신을 이루는 학문은 일신상의 영달을 위한 사사로운 마음이 아니기에 이미 그 자신과 관계되어 있는 세상 만물과 막힘 없는 소통을 이루기 때문이다. 내가 온전히 나 자신을 실현하는 것은 곧 나와 세계가 걸림 없이 소통되는 것을 의미한다.

이러한 사정은 양명이 심즉리心卽理와 지행합일知行合一설을 제창한 이후, 다시 치양지致良知를 주장해야 했던 이유를 설명해 준다. 지행합일이라고 하면 자칫 한 개인의 앎과 행위의 문제처럼 여겨질 수 있다는 것. 하지만 양지는 성인이든 보통 사람이든 동일한 것이며 누구나 갖추고 있는 것이기에 양지를 실천하는 것으로서의 치양지는 그 자체로 나와 남의 경계를 넘는 보편의 고리를 획득하게 되는 것이다. 나와 세계는 분리되지 않는다. 내가 곧 세계다.

대인과 소인

양명은 인의 실현은 천지만물과 하나가 되는 것이라고 말했다. 양명의 만물일체설은 계보적으로 보자면 정명도의 만물일체설의 연장이다. 인仁이란 나로부터 미루어 나가 타인에 이르는 유학적 삶의 실천인데, 이는 곧 큰 학문大學의 목표인 명명덕明明德과 친민親民 그리고 지어지선止於至善의 실현이기도 하다.

무릇 사람이란 천지의 마음입니다. 천지만물은 본래 나와 한 몸—體이니, 백성들의 곤궁함과 고통이 어느 것인들 내 몸의 절실한 아픔이 아니겠습니까? 내 몸의 아픔을 모른다면 시비지심是非之心이 없는 사람입니다. 시비지심은 사려하지 않고도 알고, 배우지 않고도 능한 것으로 이른바 양지입니다. 양지가 사람 마음에 있는 것은 성인과 어리석은 자의 구분이 없으며, 천하 고금이 다 같습니다. 세상의 군자가 오직 양지를 실현하는 데 힘쓰기만 한다면 저절로 시비是非를 공유하고 호오好惡를 함께하며, 남을 자기와 같이 보고 나라를 한 집안으로 보아서 천지만물을 한 몸으로 여길 수 있습니다. 「섭문울에게 답하는 글」

나와 천지가 한 몸이라는 만물일체 사상은 치양지설의 다른 버전인 동시에 양명 철학의 유학적 정체성을 보여 주는 대목이기도 하다. 다시 말해 만물일체설은 마음의 본체를 실현한다는 치양지설이 사회적 관계 위에서는 구체적으로 어떻게 전개되는가에 대한 대답인 것이다. 예컨대 불교나 도교의 경우에도 마음을 기르는 문제나 생명을 기르는 문제로서 마음의 문제를 제기한다. 하지만 유가는 어찌 됐건 그 전제에 있어 사람들과 더불어 살아가야 하는 사회적 현장을 떠나지 않는다.

  천지만물과 하나가 된다는 것, 이것은 소인으로서는 불가능한 대인의 길이다. 하지만 양명의 성인 되기는 대인과 소인의 구별이 지금-여기에 있는 나 자신의 '마음'으로부터 시작한다는 단단한 차별로 인해 오히려 누구라도 그리고 언제라도 성인 되기를 향한 출발의 가능성이 열려 있음을 제시할 수 있었다. 지금 내 마음에 사심私心이 작동하고 있는 한 대인의 삶은 불가능하다. 만물과 하나가 된다는 것은 나를 고집하지 않는 것이고, 이제까지의 자기 자신을 넘어가는 것이다. 만물을 일체로 삼지 못하는 것은 자기의 사사로움을 아직 잊지 못했기 때문이다.

사사로움私이란 마음의 본체를 가로막는 모든 것에 대한 지칭이다. 양명은 양지를 실현하는 데에는 조그마한 먼지나 모래 같은 것이라도 일체 덧붙이지 말 것을 주문했다. 비록 대단히 미세하고 작은 무엇일지라도 이렇게 되면 양지가 그 본래적인 힘으로 실현될 수 없기 때문이다. 그러므로 이때의 사사로움이란 반드시 부족하거나 나쁜 어떤 것을 가리키는 말이 아니다. 좋은 생각일 때도 마찬가지다. 마음의 본체에는 아무리 좋은 것이라도 남겨 놓을 수 없다. 마음의 본체는 선악을 분별하지 않는다. 이것을 양명은 이렇게 말했다. 금가루나 옥가루라도 눈에 넣으면 제대로 눈을 뜰 수 없다. 그것은 먼지나 모래와 다르지 않다.

공자는 어리석고 천한 사람이 와서 물어도 응대했다. 미리 어떤 지식을 가지고 판단하지 않았기 때문이었다. 양명은 이에 대해 공자의 마음은 다만 텅 비어 있을 따름이었다고 말했다. 공자는 그저 질문자가 알고 있는 옳고 그름, 즉 시비 판단의 양 끝을 가지고 하나의 판단을 내려주었을 뿐이지만 어리석고 천한 사람의 마음은 이를 통해 곧 분명해졌다는 것이다. 아무리 성인이라도 사람들 개개인이 가진 마음의 본체에 대해서는 단 한 개의 터럭조차 더하거나 덜어 줄 수 없는 법이다. 하지만 성인은 성인의 마음으로 어리석고 천한 사람을 대하고, 어리석고 천한 사람은 성인을 통해 자신의 마음을 분명히 알게 된다. 이로써 성인과 보통 사람, 대인과 소인은 각자의 양지를 남김없이 실천하는 것으로 하나가 된다.

천지간 만물이 한 몸이다

대인大人은 천지만물을 한 몸—體으로 여기는 사람인지라, 천하를 한 집안처럼 보고, 중국을 한 사람처럼 본다. 저 형체를 사이에 두고 너와 나를 나누는 자는 소인이다. 대인이 천지만물을 한몸으로 여길 수 있는 것은 그것을 의도해서가 아니라, 그 마음의 어짊이 본래 그와 같아서 천지만물과 더불어 하나가 되는 것이다. 어찌 오직 대인뿐이겠는가. 비록 소인의 마음이라고 하더라도 또한 그렇지 않음이 없지만, 자기 스스로 작게 만들었을 뿐이다. 그러한 까닭에 어린아이가 우물에 빠지려는 것을 보면 반드시 두려워하고 근심하며 측은해하는 마음이 일어나는데, 이것은 그의 어짊이 어린아이와 더불어 한몸이 된 것이다. 어린아이는 오히려 인간과 동류이다. 새가 슬피 울고 짐승이 사지에 끌려가면서 벌벌 떠는 것을 보면 반드시 참아내지 못하는 마음이 일어나는데, 이것은 그의 어짊이 새나 짐승과 더불어 한몸이 된 것이다. 새나 짐승은 오히려 지각이 있는 것이다. 초목이 잘려져 나간 것을 보면 반드시 가여워서 구제하고 싶은 마음이 일어나는데, 이것은 그의 어짊이 초목과 더불어 한몸이 된 것이다. 초목은 오히려 생의가 있는 것이다. 기왓장이 무너진 것을 보면 반드시 돌이켜 회고하는 마음이 일어나는데, 이것은 그의 어짊이 기왓장과 더불어 한몸이 된 것이다. 이렇게 한몸으로 여기는 어짊은 비록 소인의 마음이라고 하더라도 또한 반드시 그것을 지니고 있다. 이것은 바로 하늘이 명령한 본성에 뿌리를 두고 있으며, 자연히 영명하고 밝아서 어둡지 않은 것이다. 「대학문」大學問

만물일체설에서 먼저 눈길이 가는 대목은 대인의 마음과 소인의 마음이 다르지 않다는 통렬한 지적이다. 이 말에는 근본적으로 대인과 소인이 따로 있는 것이 아니라는 인식이 흐르고 있다. 대인과 소인은 타고난 능력의 차이가 아니다. 대인이 되고 소인이 되는 것은 각자가 자신의 마음을 일으키는 의지의 결과다. 소인은 마음이 좁고 못나서 만물과 두루 소통하지 못하는 게 아니라, 저 스스로 자신의 마음을 작게 여기고 사사로운 욕망으로 가로막아 버린 사람이다. 맹자의 말을 빌리면 이는 할 수 없는不能 게 아니라 하지 않는不爲 것이다.

또한 양명에게 인仁의 정신이나 만물일체설은 인간人間에 국한되지 않는다는 점도 흥미롭다. 양명은 천지만물과의 일체를 몇 개의 조목으로 나누어 설명하는데, 첫째는 맹자가 사단설을 통해 제기했던 '유자입정' 孺子入井, 즉 갓난아기가 우물에 빠지려고 할 때 이를 보게 된 사람은 누구나 측은지심을 갖게 된다는 대목이다. 이때 어린아이를 구하고자 일으킨 사람의 마음은 불쌍한 사람을 위해 의식적으로 마음을 나눠 주는 것이 아니다. 즉 측은지심은 동정이 아니다. 나의 마음 일부를 떼어 내 대상을 향해 쓰는 게 아니라, 나의 마음이 위기에 처한 아이의 마음이 되었기 때문에 자신도 모르게 아이를 구하려고 하는 것이다. 아이와 나는 '인간'이라는 동류同類이기 때문이다.

사람은 조류나 뭍짐승들鳥獸의 비명 소리에도 차마 외면하지 못하는 마음不忍之心이 있다. 양명은 이것을 새나 짐승들의 인과 나의 인이 하나가 되었기 때문라고 보았다. 조수鳥獸와 나는 지각知覺의 차원에서 보자면 하나다. 나아가 초목草木의 경우에도 잘라지고 패인 초목의 훼손에 내가 연민이 들고 그것에 크게 마음이 쓰여 도와주고 싶은 마음(민휼지심憫恤之心)을 일으키는 건 초목과 나의 본성이 하나가 되었기 때문이다. 초목 또한 나와 마찬가지로 살고자 하는 생명의 의지를 갖고 있는 생물이라는 점에서 다르지 않은 것이다.

하지만 뭐니뭐니 해도 양명의 만물일체설의 압권은 나의 인함이 무생물인 기왓장과 돌맹이들과도 하나가 된다는 급진성에 있다. 기왓장과 돌멩이들에게서 어떤 일체감이 생겨날 수 있을까. 양명은 이에 대해 옛날을 돌이키는 마음(고석지심古昔之心)이라고 말한다. 예를 들어 보자. 어떤 사람이 자신의 연인에게 프러포즈를 하면서 유행이 한참 지난 옛날 옥반지를 선물했다. 시세로 따지면 요즘 유행하는 다이아몬드 반지 등에 비교할 수 없지만, 그 사람에게 이 반지는 어려서 돌아가신 어머님의 하나뿐인 유품이었다. 이럴 경우 이 반지는 그에게 있어 단순한 반지가 아니라 세상에 오직 하나뿐인 반지라는 의미를 갖는다. 그 반지에는 지금 나의 마음이 들어 있기 때문이다.

양명은 천지의 모든 것에는 양지가 있고 이는 또한 사람의 양지라고 말한다. 풀, 나무, 기와, 돌 등은 양지가 없다면 풀, 나무, 기와, 돌이 될 수 없다는 것이다. 천지만물은 원래 사람과 하나이기 때문이다. 바람과 비, 이슬과 우레, 해와 달, 날짐승과 들짐승, 산과 강, 흙과 바위 등은 사람과 한 몸이다. 천지만물은 오직 이 하나의 기운을 공유하고 있기에 서로가 서로를 기를 수 있고 서로가 서로에게 약이 되는 것이다.

양명의 만물일체설은 지금 이 순간, 바로 이 마음의 완전한 실현이다. 천지만물과 서로 통하는 대인의 삶을 살 것인가, 아니면 고착되고 꽉 막힌 불통의 소인으로 살 것인가는 지금 이 마음으로부터 당장 실현되는 것이다. 한 번뿐이고 절대적인 이 마음을 오롯이 실현하느냐 못 하느냐의 결과인 것이다.

4
만가성인滿街聖人 :
성인은 없다, 그러므로 모두가 성인이다

성인

나와 세계는 분리된 것이 아니라 하나라는 인식. 양명이 유학의 가르침을 실천하는 이들, 아니 세상의 모든 사람들에게 주장하고 싶었던 만물일체의 세계관은 그가 추구했던 이상적 인간형이기도 했다. 양명이 「대학문」大學問에서 대인의 길로 소개한 이 삶을 공자는 인의 실천이라 불렀고, 맹자는 호연지기한 대장부의 삶이라고 외쳤다. 그리고 이들 모두를 아우르는 유학의 이상적 인물은 성인聖人이란 말로 귀착된다.

성인에 관한 언급은 공자 시대에도 존재했다. 하지만 유학에서 성인의 삶이 학문적 지향점으로 공고해진 것은 북송대 이후 전개된 이른바 신유학新儒學의 성과다. 북송의 유학자 주돈이周敦頤(주렴계)가 "누구나 배워서 성인에 이를 수 있다"는 맹자의 사상을 강조했고, 이 말은 정이천程伊川(정이)과 주자로 이어지면서 송대와 명대의 리학理學을 잇는 가교 역할을 했다.

하지만 사실상 성인이 된다는 실천 목표의 확립은 유학이 불교나 도교가 갖고 있던 수행적이면서 종교적인 성격, 그리고 철학적이면서 신비적인 담론에 대해 자립의 근거를 마련했다는 의의가 있다. 잘 알려진 바와 같이, 불교의 윤리적 실천인 해탈은 억압에서 풀려나고 자유로워지는 것이다. 그러기 위해서는 지나온 여러 생을 통해 남겨진 내 업業을 소멸시켜야 한다. 이번 생을 통해 과거의 업을 끊어내는(이것이 수행이고 공부다) 사람은 윤회의 업으로부터 풀려나고 자유로워진다. 붓다(깨달은 자)의 실현! 그런가 하면 도교의 윤리적 실천은 양생養生이다. 양생이란 저마다 갖고 있는 생명으로서의 본래성을 훼손시키지 않고 보존하며 잘 길러 내는 것이다. 도교 도사道士들은 이를 통해 생명 그 자체의 본성을 회복하고 불로장생을 추구한다.

유학의 성인은 어떤 사람들일까. 구체적으로 살펴보자면 유학에서 말하는 성인은 '요임금-순임금-우임금-탕임금-문왕/무왕-주공'堯舜禹湯文武周公이다. 유학의 성인은 불교나 도교처럼 해탈이나 불로장생 같은 게 없다. 불교나 도교 등에 비해 유학의 성인은 세속에 깊이 관여되어 있었다. 그들은 기적을 행하는 초인超人도 아니고, 불멸불사하는 신도 아니다. 공통점이라면 현실 정치인들이었다는 정도? 그렇다고 해서 이들이 모두 제왕이었던 것도 아니고 엄청난 권력을 누린 인물이었던 것도 아니다.

유학자들은 현세에서 이뤄진 성인들의 삶에 주목했다. 출발부터 불교나 도교 등과는 달리 현세의 학문을 했던 유학자들에게는 성인이야말로 현실에 발붙이고 살아가는 사람들의 최선이었기 때문이다. 문제는 평범한 사람들이 어떻게 성인의 삶을 실현할 수 있는가 하는 점이었는데, 이에 대한 대답으로 제시된 것이 배움學이다. 배움은 성인의 지위나 권력이 아닌 성인의 삶과 지금 우리의 평범한 삶을 잇는 연결고리였던 셈. 이 점에 대해서는 양명 또한 이견이 없다.

성인이 성인인 까닭은 단지 그 마음이 천리에 순응하고 인욕의 섞임이 없기 때문이다. 순금이 순수한 까닭은 단지 그것이 지닌 성분이 넉넉하여 구리나 아연이 섞이지 않았기 때문인 것과 같다. 사람은 천리에 순수한 데 이르러야 비로소 성인이며, 금은 성분이 넉넉한 데 이르러야 비로소 순금이 된다. 그러나 금의 무게에 가벼움과 무거움이 있는 것처럼, 성인의 재질과 능력도 역시 크고 작은 차이가 있다. 요순은 일만 일鎰의 무게와 같고, 문왕과 공자는 구천 일과 같고, 우·탕·무왕은 칠천 내지 팔천 일과 같고, 백이伯夷·이윤伊尹은 사천 내지 오천 일과 같다. 재질과 능력은 같지 않으나 천리에 순수한 것은 같기 때문에 모두 성인이라고 말할 수 있다. …… 생각건대 그것이 순금이 되는 까닭은 순도에 있지, 무게에 있지 않다. 그들이 성인이 되는 까닭은 천리의 순수함에 있지, 재질과 역량에 있지 않다. 그러므로 비록 보통 사람이라도 기꺼이 배워서 이 마음을 천리에 순수하게 만들면 역시 성인이 될 수 있다. 마치 한 냥의 금을 일만 일에 비교한다면, 무게는 비록 현격하게 다르지만 그 순도에 관해서는 부끄러움이 없는 것과 같다. (맹자가) "사람은 모두 요순과 같은 성인이 될 수 있다"고 말한 것도 그 때문이다. 배우는 사람들이 성인이 되기를 배우는 것은 인욕을 제거하고 천리를 보존하는 데 지나지 않는다. 마치 금을 정련하여 충분한 순도를 구하는 것과 같다. 「설간의 기록」

양명은 순금의 비유를 통해 성인의 인격적 표상을 통쾌하게 표현했다. 성인과 평범한 사람이 어떻게 나란히 비교될 수 있을까 싶지만, 양명은 성인과 평범한 사람들 사이의 차이만큼 성인들 사이에도 재능의 차이가 존재한다고 말한다. 하지만 성인의 진정한 가치는 그들의 재능 차이와는 아무 관련이 없다. 왜냐하면 재능의 차이에도 불구하고 그들을 모두 성인이라고 말할 수 있는 까닭은 그들이 자신들의 삶을 통해 자신들의 재능을 완전하게 실현시켰기 때문이다.

순금의 가치는 순도純度에 있다. 크기 혹은 중량이 문제 되는 것은 같은 순도라는 전제 위에서 의미가 있을 뿐이다. 성인 또한 마찬가지다. 성인의 가치는 성인됨의 순도에 있다. 성인됨의 순도란 무엇인가. 두말할 것도 없이 마음의 완전한 실천, 앎과 행의 하나됨 즉 치양지다. 각각의 인물이 갖는 능력이나 재능의 차이는 치양지한 삶의 전제 위에서만 의미를 갖는다. 한 냥의 순금이든 만 냥의 순금이든 이들은 모두 순금이라는 점에서 공통된다. 백이나 이윤 등이 보여 준 삶의 순도는 요임금이나 순임금이 보여 준 삶의 순도와 다르지 않다.

   성인을 안다는 것은 성인을 배운다는 것이다. 무엇이 성인을 배우는 것인가. 성인들조차 저마다 달랐던 재능과 능력의 차이를 배우는 게 아니다. 성인을 배우는 길은 성인들 모두에 공통적인 것, 즉 현실의 삶에서 앎=행의 완벽한 실현을 배우는 것이다. 어떻게 배울 수 있는가. 내 마음의 양지에 투철해야 한다. 비록 단 한 줌어치의 양지일지라도 내 양지에 투철한 삶을 사는 것, 그것이 성인을 배우는 길이다. 왜 성인을 배워야 하는가. 성인들과 달리 우리들은 사사로운 욕망에 양지가 가려져 있기 때문이다. 그러므로 마땅히 사욕을 제거하고 나에게 이미 갖추어져 있는 본래적 마음(양지)을 회복하는 공부를 해야 한다.

향원과 광자

성인의 삶, 그것은 치양지한 삶이다. 지행합일의 삶이란 결국 마음의 본체인 양지를 실현하는 삶과 다르지 않기 때문이다. 그러므로 치양지는 누구나 지금 자신의 자리에서 출발할 수 있고 실천할 수 있다. 이런 점에서 양명의 성인 되기는 멀고 위대한 것이어서 미래의 일로만 여겨지던 성인의 이미지를 일거에 전복시켰다는 의미를 갖는다. 이것은 마치 불교에서 돈오(頓悟)가 점수(漸修)에 대해 차지하는 전면적이고 혁명적인 깨달음의 충격과도 흡사하다.

그런데 성인의 삶 혹은 양지의 완전한 실현이라는 평안해 보이는 이미지와는 달리 실제 현실에서 성인의 삶(혹은 치양지)은 그렇게 평화롭지 않다. 요임금은 천하를 양위할 사람을 찾아다녔고, 순임금은 아버지 고수(瞽瞍)와 이복동생 상(象)에게 여러 차례 살해 위협을 당했다. 우임금은 9년간 치수 사업을 위해 정력을 쏟아야 했고, 문왕은 주(紂)임금에 의해 유리(羑里) 땅에 유폐돼 고초를 겪었다. 공자 역시 14년간 천하를 떠돌며 숱한 고비를 겪고, 숙손무숙(叔孫武叔) 등 많은 사람들에게 비난과 조롱의 대상이 되기도 했다.

양명 또한 예외가 아니었다. 49세를 전후해 치양지로 자신의 학문 종지를 확립했던 양명은 높아지는 명성만큼 끊임없는 비난과 도전 앞에 직면해야 했다. 양명은 자신이 처음 격물설을 주장했을 때는 열 사람 중 여덟아홉이 동의하고 한두 사람이 비난했지만, 훗날 치양지를 주장하게 되자 한두 사람이 동의하고 여덟아홉이 비난했다고 말했다. 어째서 이런 일이 벌어졌을까. 양명의 탄식은 치양지가 살면서 도달해야 할 어떤 종착점이 아님을, 오히려 치양지는 언제나 문제를 해결하는 출발이자 현재적인 것일 수밖에 없음을 말해 준다. 다시 말해 양명의 치양지는 삶의 완성을 가리키는 결론이 아니다. 치양지는 단 한순간도 멈추지 않는 삶에 대해 실천 윤리로서 제안된 것이었다.

치양지한 삶은 실제 현실에서는 오히려 예상치 못한 저항과 비난에 더욱 쉽게 노출된다. 치양지한 삶은 고립된 개체의 윤리적 책임에 그치는 문제가 아니기 때문이다. 다른 무엇과도 관계없는 '나'는 없다. 즉 나의 삶은 어떠한 경우에도 이미 수많은 관계 위에서 전개되고 있다. 따라서 현세의 무수한 부침 위에 살아가야 하는 어떤 사람이 거꾸로 두루 원만하고 모든 일에 모순됨이 없다는 건 그 사실 자체가 모순이 아닐 수 없다. 공자는 이러한 사람은 '향원'鄕愿이며 이들은 덕德을 훔치는 도적賊이라 불렀다.

향원은 어떤 사람인가. 공자의 말에 대해 맹자는 향원을 이렇게 설명했다. "세속의 흐름에 동화하고 더러운 세상에 영합하며, 충성됨과 신의와 흡사하게 머물고 청렴함과 결백함과 흡사하게 행동한다. 하여 대중들이 모두 그를 좋아하고 그 자신도 옳다고 여기지만 요순의 도에는 함께 들어갈 수 없다."『맹자』,「진심 하」 얼핏 보자면 향원은 인품이 원만하고 다양한 사람들과의 관계에 있어서도 크게 탈이 없는 무난하고 그럴듯한 사람처럼 보인다. 하지만 유학의 성인·현자들이 향원을 비판하는 이유는 이들이 이러한 삶을 위해 자신을 꾸미고 있기 때문이다. 즉 이들은 자신의 양지를 다하지 않는 사람들인 것이다.

양명은 언젠가 제자들과의 강학에서 자신이 주신호의 쿠데타를 정벌했음에도 불구하고 이후 비난하는 무리가 더욱 많아진 이유가 무엇인지 물었다. 이에 대해 제자들은 다양하게 자신들의 견해를 내놓았다. 한 제자는 그 이유가 스승 양명의 권세가 높아진 것에 대한 시기라고 말했다. 다른 제자는 스승의 학문이 높아지자 송대 유학(주자학)을 지키려는 사람들의 시비라고 답했으며, 또 다른 한 제자는 갈수록 스승을 따르는 사람들이 많아지자 그것을 배척하는 것이라고 주장했다. 하지만 양명은 이 모든 의견에 대해 고개를 저었다. 각자 나름의 일리가 있는 말이기는 하지만 자신이 생각하는 것과는 다르다는 뜻이었다.

> 나는 남경에 오기 전에는 여전히 향원鄕原의 마음이 조금 있었다. (그러나) 나는 이제 이 양지를 믿게 되었고, 참으로 옳은 것과 참으로 그른 것을 손길이 닿는 대로 실천하여 다시 조금이라도 덮어 감추지 않게 되었다. 나는 이제 겨우 광자狂者의 심경을 지니게 되었으니, 설령 천하 사람이 모두 나의 행위가 말과 일치하지 않는다고 하더라도 상관하지 않는다. 「황성증의 기록」

양명은 자신에 대한 비난의 이유를 향원의 마음에서 찾았다. 처음 깨달음을 얻었을 때에는 자신에게도 세상의 비판이나 논쟁 등에 대해 어느 정도 타협하고 싶은 마음이 있었다는 것이다. 따라서 그때에는 오히려 비난하는 사람보다는 자신의 말에 동조하는 사람들을 많이 만날 수 있었다. 하지만 이것은 결국 충신忠信과 염결廉潔을 가장하여 세상에 영합하고자 하는 마음이 남아 있었기 때문이었다. 훗날 전적으로 양지를 밝히는 일에 나아가자 세상은 자신을 말과 행위가 일치하지 않는다고 비난하더라는 것.

그런데 양명은 이때의 자신을 광자狂者의 심경이었다고 말했다. '미칠 광'狂에 '놈 자'者. 그렇다. 광자는 미친 사람이다. 하지만 광자의 광기는 현대인의 정신병과는 전혀 관계가 없다. 뜻은 높고 행동이 아직 뜻에 미치지 못하는 사람, 하여 어쩔 수 없이 언행이 불일치한 사람, 이런 사람이 광자다. 공자는 현실에서 성인의 삶을 실현하는 사람이 없다면 그 다음으로 함께 세상일을 도모할 사람은 광자라고 말했다.

왜 향원이 아니라 광자였을까. 광자는 비록 언행이 불일치하지만 자신의 본래 마음을 실현하겠다는 뜻을 가진 사람이기 때문이다. 이에 반해 향원은 당장의 편안함을 위해 제 뜻을 굽혀 다른 사람들의 뜻에 자신을 일치시키는 사람이다. 그러므로 광자의 언행 불일치는 그가 신의 없는 사람임을 나타내는 표지가 아니다. 광자의 광기는 그가 자신의 충성됨과 신의를 결사적으로 지키려는 청렴되고 결백한 의지의 결과이다.

양명은 향원을 가리켜 "이 세상에 태어나 이 세상을 위해 일하면서 잘 지내기만 하면 된다"고 말하는 사람이라고 비판했다. 간단히 말해, 향원은 세상과 대결하지 않는다. 이것은 '그럴싸해 보이지만' 성인의 도와는 조금도 일치하지 않는다似而非. 그러므로 양명이 스스로에 대해 과거에 향원의 심정을 가지고 있었다고 말한 것은 그 자신이 될 수 있는 한 세상의 비방과 대결하고 싶어 하지 않았다는 솔직한 심경의 토로였다. 하지만 정작 세상과 타협하려 할수록 세상과의 괴리감은 더욱 커질 수밖에 없었을 것이다. 치양지란 결국 자신을 속일 수 없는 삶이기 때문이다.

산 자의 길

성인은 신이 아니다. 즉 성인은 완전한 존재가 아니라는 뜻이다. 하지만 성인의 불완전함은 그의 삶에 티끌만큼도 장애가 되지 않는다. 왜냐하면 치양지한 삶은 완전함이라는 목적에 도달하는 빈칸 채우기가 아니라, 지금 현재의 마음을 남김없이 실현함으로써 완전해지는 풍선 불기 같은 것이기 때문이다. 그러므로 성인 되기에 완전한 혹은 불완전한 조건 같은 것은 없다. 언제 어디 어떠한 일에서도 잉여가 남지 않는 실천이라는 순간들만이 있을 뿐이다.

"숙손무숙이 중니공자를 헐뜯었는데, 어찌하여 위대한 성인께서 오히려 (남의) 헐뜯음을 면하지 못하셨습니까?" 선생께서 대답하셨다. "헐뜯음은 밖에서 오는 것이니, 비록 성인일지라도 어떻게 면할 수 있겠는가? 사람은 단지 스스로를 닦는 데서 귀하게 된다. 만약 자기가 틀림없는 성현이라면, 설령 남들이 모두 그를 헐뜯더라도 그와는 상관없는 일이다. 마치 뜬구름이 태양을 가리는 것과 같으니, 어떻게 태양의 광명을 훼손할 수 있겠는가? 만약 자신이 겉모양은 공손하고 얼굴빛은 장중한 체하지만 (속마음은) 굳세지도 않고 단단하지도 않다면, 설령 그를 헐뜯는 사람이 전혀 없더라도 그의 간악함은 끝내 드러나고 말 것이다. 그래서 맹자는 '완전함을 구하다가 받는 비방이 있으며, 예상치 못한 칭찬이 있다'고 말했다. 비방과 명예는 밖에 있는 것이니, 어떻게 피할 수 있겠는가. 단지 스스로를 어떻게 닦는가가 중요할 뿐이다." 「황성증의 기록」

대승불교에서는 수행자를 크게 성문聲聞·연각緣覺·보살菩薩로 나누어 설명한다. 이 가운데 보살은 가장 깨달음의 인연에 가까운 수행자 그룹이다. 요컨대 보살은 이번 생에서 모든 업을 씻고 생사윤회의 사슬을 끊을 만큼 수행의 정도가 깊고 높은 사람들을 가리키는 말이다. 이번 생에 윤회의 사슬을 끊는다는 것은 붓다 즉 깨달은 사람이 된다는 것을 의미한다. 하지만 보살은 해탈의 직전에 이것을 미루고 윤회를 선택한다. 왜냐하면 아직 현세의 고통으로 신음하는 중생들이 남아 있기 때문이다. 애욕에 눈이 먼 한 쌍의 바퀴벌레들을 위해서도, 지옥에 떨어진 탐욕과 어리석음으로 똘똘 뭉친 구제불능 중생들을 위해서도 기꺼이 열반을 미루는 마음이 바로 보살심이다. 보살은 비록 아직 붓다(깨달은 자)가 아니지만, 사실상 보살의 마음(행위)은 피안의 세계로 가 버린 붓다가 현세에서 구현되고 있는 현실의 붓다인 셈이다. 붓다가 아닌 붓다. 붓다를 넘어선 붓다.

어찌 보면 치양지한 삶, 성인의 삶이라는 것도 현실에서는 그런 것이 아닐까. 양지의 완전한 실현은 일종의 보살행이라고 말할 수 있지 않을까. 왜냐하면 현실의 몸을 가지고 있는 한 치양지하는 누구라도 시시비비한 세속의 번뇌로부터 무관할 수 없기 때문이다. 즉 광자의 삶이야말로 사실은 치양지한 삶의 현실적 모습인 것이다. 이를테면 광자의 삶은 '산 자의 길'이다.

돌이켜 보면 양명의 일생은 광자로서의 삶이었다고 할 수 있다. 하지만 그 스스로 기꺼이 광자의 운명을 짊어지고자 했을 때, 그 삶은 이미 성인의 길이었다. 성인과 광자. 양명이 늘 하던 식으로 말해 보자면, 성인의 길과 광자의 길은 하나다. 광자의 길을 본체로서 말한 것이 성인의 길이라면 성인의 길을 물리적이고 현실적 차원에서 말한 것이 광자의 길이다. 성인과 광자의 길이 따로 있는 것이 아니다.

하지만 이러한 구분이 무슨 필요가 있을까. 중요한 건 양명의 삶이 광자의 그것이었는가 성인의 그것이었는가를 구별하는 데 있지 않다. 핵심은 지금 살아 있고 또 살아가야 하는 모든 '산 자'들에게 일러 줄 바른 길이 무엇이었냐는 것.

"옛사람이 본성을 논한 것이 각각 다른데, 무엇을 정론으로 삼아야 합니까?" 선생께서 대답하셨다. "본성은 정해진 모양이 없으며, (그에 관한) 논의도 역시 정해진 모양이 없다. 본체로부터 말한 것이 있고, 발하여 작용하는 것으로부터 말한 것이 있으며, 근원으로부터 말한 것이 있고, 말류의 폐단으로부터 말한 것이 있다. 총괄해서 말하면 다만 하나의 본성이지만, 소견에 깊고 얕은 차이가 있을 뿐이다. 만약 한 측면에만 집착한다면 잘못될 것이다. 본성의 본체는 원래 선도 없고 악도 없는 것인데, 발하여 작용하는 데서는 원래 선이 될 수도 있고 악이 될 수도 있으며, 그 말류의 폐단에서는 원래 일정한 선이나 일정한 악이 된다. …… 맹자가 말한 본성은 직접 근원으로부터 말한 것이며, 또한 그 대강이 그와 같다고 말한 것이다. 순자의 성악설은 말류의 폐단으로부터 말한 것이니, 완전히 그가 옳지 않다고 말할 수는 없으며, 다만 보아 낸 것이 아직 정밀하지 못할 따름이다. 일반 사람들의 경우는 마음의 본체를 잃어버렸다." 「황성증의 기록」

배움學 4부

1
스승:
줄탁동시, 새는 알을 깨고 나온다

줄탁동시

우리는 모두 어딘가에서 태어났다. 누군가의 자식으로 태어났다. 한 사람의 존재로 살아간다는 것은 이처럼 다른 무엇, 다른 누군가와 함께 살아간다는 것을 의미한다. 하지만 사람은 또한 모두가 독립된 각자의 삶을 살아가는 존재이기도 하다. 부부는 일심동체라 해도 남편은 남편, 부인은 부인인 것이다. 평생을 같이 살았다고 해서 같아지는 것은 아니다. 심지어 똑같이 태어난 쌍둥이도 서로 다르다. 즉 혼자 살아갈 수는 없는 게 세상이지만 운명의 주인은 또한 그 자신일 뿐이라는 것.

헤르만 헤세의 소설 『데미안』에는 다음과 같은 유명한 구절이 있다. "새는 알을 깨고 나온다. 알은 세계다. 태어나려는 자는 한 세계를 파괴

하지 않으면 안 된다." 여기에는 삶의 본질에 대한 지적 통찰과 배움과 깨달음의 순간에 관한 멋진 이미지가 새겨져 있다. 사람은 누구나 기존의 세계로부터 출발한다는 것. 하지만 하나의 존재가 된다는 것은 또 다른 세계를 향해 나아가는 것이라는 것. 자신이 발딛고 서 있던 기존의 세계로부터 떠나야 한다는 것. 한 마리의 새는 아무리 존귀해도 알(기존세계)에 머무는 한 아직 새가 아니다. 알 속에서 모든 것이 충족되어도 그것은 여전히 하나의 알에 불과할 뿐이다.

 선불교의 공안집 『벽암록』碧巖錄에는 줄탁동시 啐啄同時 란 말이 나온다. 이 말은 언어를 뛰어넘어 자기 구원의 궁극을 추구하는 선사들이 보여주는 깨달음에 관한 이미지다. 줄啐은 알 속의 새끼새가 알을 깨기 위해 자신을 둘러싼 벽을 쪼아 대는 것을 말한다. 『데미안』식으로 말하면 이것은 태어나기 위해선 알을 깨지 않을 수 없는 싱클레어의 세계다. 탁啄은 어미새가 가장 적절한 시기에 알 속의 새끼에게 세상과의 만남을 성사시켜 주는 어미새의 쪼아 댐이다. 바로 이 한순간, 요컨대 구하는 자의 간절함과 이를 정확히 지켜봐 주고 이끌어 주는 스승의 가르침이 동시에 이루어지는 것. 이것이 깨달음이다. 이 순간 우리는 하나의 문턱을 넘어 이제까지와는 또 다른 한 세계로 진입한다. 이 마주침의 순간에 제자는 홀연히 스승의 세계를 깨고 나온다. 세상은 이렇듯 앞선 세계로부터 그리고 앞선 세계를 넘어 끝없이 나아가는 길이라는 것.

스승, 질문하는 자

양명(학)은 어디에서 출발해 어떤 과정을 통해 어디로 나아갔는가. 양명(학)의 스승은 누구인가.

양명의 학문적 내력은 일단 격물설과 관련한 『대학』에서 찾을 수 있다. 사실 『대학』은 양명학 존립의 거의 모든 것이라 해도 크게 지나친 말은 아니다. 『대학』의 격물설에 관한 양명의 새로운 해석은 그의 사상에 독자성을 부여하는 출발점이었다. 게다가 『대학』에 관한 제자들의 물음에 답하는 형식으로 되어 있는 「대학문」大學問은 양명 최후 말년의 강학을 기록한 글이었다.

『대학』 외에 양명이 자주 언급하고 있는 책으로는 사대부의 필수 교과서인 『논어』, 『맹자』, 『중용』 등이 있다. 사서四書를 기본으로 삼는 풍토에서 제자들의 질문은 당연히 이들 교과서에 기반해 있었을 것임을 짐작할 수 있다. 경전 중에서는 『서경』과 『주역』의 비중이 크다. 또한 역사적 인물들에 대한 평가도 적지 않은 것으로 보아 『사기』나 『통감』류 등 역사서도 중요한 텍스트였음을 알 수 있다.

공자는 자신이 호학好學, 즉 '배우기 좋아하는 사람'임을 자부했다. 공자는 어려서 아버지를 잃고 홀어머니와 살았다. 공자는 덩치가 컸다(공자의 키는 대략 2미터 13센티미터 정도다). 몸집이 거대할 뿐 아니라 힘도 센 거구의 사내가 혼란한 전쟁의 시대에 배움과 우정을 강조하는 가르침을 펼치고 있었던 셈이다. 호학하는 마음이란 무엇인가. 공자는 열 집

정도밖에 안 되는 조그만 마을에서 비록 자신보다 진실되고 믿음직한 사람이 있을 수는 있어도, 자기처럼 배우기 좋아하는 사람은 없을 거라고 말했다.

> 위衛나라 공손조公孫朝가 자공子貢에게 물었다. "중니는 어떻게 배웠는가?" 자공이 말했다. "문왕과 무왕의 도가 아직 땅에 떨어지지 아니하여 사람들에게 남아 있다. 어진 사람은 그 근본적인 것을 알고 어질지 못한 사람은 그 지엽적인 것을 알고 있다. 문왕과 무왕의 도가 있지 않은 곳이 없으니 선생님께서 어찌 어디서인들 배우지 아니하시며, 또 어찌 일정한 스승이 있겠는가?" 『논어』, 「자장」

사람들은 공자를 많이 아는 사람이라고 생각했다. 이때의 앎은 박학, 즉 지식의 풍부함을 의미한다. 물론 아주 틀린 말은 아니다. 하지만 공자는 스스로 지식이 많은 사람이라고 생각하지 않았다. 왜냐하면 배움에 임할 때 지식을 추구한 적이 없었기 때문이다. 그의 많은 지식은 단지 결과일 뿐이었다. 공자는 그저 어디에서든 누구에게든 배우기를 좋아했다. 불치하문不恥下問, 즉 모르는 것이 있다면 아래 사람에게 묻는 것도 부끄러워하지 않는다.

공자에게 배움이란 무엇이었을까? 공자는 왜 이토록 배움에 대한 자세를 강조했을까?

그 이유는 배움이란 무엇보다 자기 자신에 대한 배려이기 때문이다. 배움은 좋은 직업을 갖기 위한 것도, 부와 명예를 얻기 위한 배경도 아니다. 배움은 내가 좋은 삶을 살아가는 데 필요한 무기다. 배움에 대한 이러한 생각은 공자가 배움學을 부단한 노력習과 결부시켜 놓은 것으로도 알 수 있다. 배움이란 이제까지의 나로부터 다른 내가 되기 위한 습관을 들이는 것이다. 이러한 배움의 길은 혼자 가는 길이 아니다. 여기에는 나와 뜻을 함께하는 동료들이 모여들어 우정을 나눈다. 이렇게 서로의 좋은 삶이 어우러지면 이것이 곧 누가 알아봐 주지 않아도 흔들리지 않을 훌륭한 삶(군자)이라는 것.

한편, 배운다學는 것은 묻는다問는 것이다. 우리는 대답을 구하는 만큼 나아간다. 그리고 바로 거기에서 나와 같은 길에 선 동료를 만난다. 돌이켜 생각해 보면, 삶에서 기쁘고 즐거운 일이 이 두 가지 외에 또 무엇이 있을까. 『논어』는 이처럼 가장 기본적인 삶의 가치에 관해 말을 건넨다. 이 기쁨과 즐거움이 유효했기에 이천오백 살 『논어』는 지금까지도 늙지 않고 있다.

인용문에 전하는 자공의 말에서 보듯, 공자에게는 일정한 스승이 없었다. 하지만 이 말은 공자라는 위대한 스승에게 배움이 무엇이었는지 역설적으로 가르쳐 준다. 스승 공자는 어디에서든 누구에게든 배우는 사람이었다는 것. 즉 공자는 다른 누군가를 가르치는 스승이기에 앞서 누구보다도 먼저 배우기를 좋아하는 학인學人이었다. 그러므로 공자에게는 스승이 없다. 왜냐하면 모든 것이 스승이었기 때문에.

　이것은 양명이 공자와 통하는 대목이기도 하다. 굳이 비교하자면 배움에 관한 한 양명은 공자보다 조금 더 '야野'했다고 할 수 있다. 한마디로 양명의 배움은 잡식성이고 야생적이다. 결국 같은 말이겠지만, 이런 까닭에 양명에게는 확실히 기존의 학문이나 학설에 대한 부채감이 적었다고도 볼 수 있다. 할아버지 죽산공은 도교적인 인물이었고, 아버지 왕화는 최고의 엘리트 관료였으며, 어린 시절 학문의 길로 동기 부여를 해주었던 누일재는 은둔형 도학자道學者였다. 양명은 일찍부터 이질적인 학문과 삶의 가치들 사이를 자유롭게 횡단했다. 양명(학)에 대한 평가가 극과 극으로 나뉘는 것은 이러한 사정이 어느 정도 반영되었기 때문일 것이다.

　하지만, 양명의 최고 스승은 주자가 아니었을까? 주자만큼 양명에게 많은 질문을 일으킨 스승은 없기 때문이다. 주자는 양명이 평생토록 배움을 통해 넘어가야 했던 거대한 벽이자 큰 물음이었다. 양명은 주자를 배움(물음)의 원천으로 삼음으로써 그 전까지 자신이 속했던 한 세계를 깨고 또 다른 세계로 나아갈 수 있었다.

불교와 도교의 옷을 입은 유학

주자 못지않게 양명에게 물음을 강요한 스승은 도교와 불교다. 사실 유학자의 학문 이력에 도교와 불교가 한꺼번에 거론된다는 사실은 그다지 석연한 과거라고 볼 수 없다. 이로 인해 얻게 되는 학문적 개성 이면에서 치러야 할 대가는 생각보다 큰 것이기 때문이다. 최악의 경우 이것은 자칫 양명의 학문을 유학 내에서 추방시킬 위험까지 내포되어 있다. 실제로 불교나 도교 등과 양명학을 병치시키는 방식은 주로 양명(학)을 비판하는 논리적 근거로 활용되었다. 양명은 일평생 유학자로서의 자기 정체성을 버린 적이 없지만, 불교나 도교를 크게 배척하지도 않았다. 양명은 스스로 자신이 불교와 도교에 빠졌던 사실을 부정하지 않는다.

양명과 도교와의 관련은 양명 사상에서보다는 몇 가지 일화를 통해 살펴볼 수 있다. 양명이 태어나 5세까지 말을 하지 못했을 때 우연히 양명의 동네를 지나던 도사道士가 그의 개명改名을 도왔다던가, 혹은 결혼식날 첫날밤도 치르기 전에 도교 사원에서 도사와 어울려 밤새 토론을 벌이고 있었던 일 등은 양명이 도교 쪽과 관련된 대표적인 일화들이다. 아마도 도교 쪽 사상은 호탕하고 자유분방했던 양명의 개성과 인품에서 볼 때 예의와 형식을 강조하는 유학에 비해 정서적으로 친근하게 여겨졌을 것으로 보인다. 그런 점에서 『전습록』에 도교 관련 용어들(이를테면 영아嬰兒, 정기신精氣神, 결성태結聖胎 등)이 자주 보이고, 또한 도가의 선사仙士들과 대화하면서 선경仙境을 읊은 시구 등이 문집 곳곳에 산재해 있다는 사실은 양명의 사상적 사승 관계에서 도교가 갖는 의미를 잘 보여주는 사례들이라 할 수 있다.

양명의 사상 형성에 또 한 가지 빠뜨릴 수 없는 큰 배경은 불교다. 젊은 시절부터 교유했던 벗 담감천湛甘泉의 지적에서 보듯 양명은 일찍부터 불교에 깊이 빠져 있었다. 또한 양명 철학의 급진성은 동시대의 여러 학자들이 양명에게서 불교의 흔적을 지적하는 배경이 되기도 했다. 하지만 그렇다고 해서 양명 철학을 불교의 영향 아래에서만 설명하는 것은 무리가 있다. 양명이 스스로 도교와 불교에 깊이 빠졌던 사실을 인정하는 것은 사실이지만, 이는 그 자신의 학문이 유학에 깊이 뿌리박고 있음에 대한 자부심의 결과였기 때문이다. 즉 양명 철학에서 도교와 불교가 상대적으로 용인되었던 것은 그가 매우 정치精緻하게 이들을 이해하고 있었다는 반증이기도 하다.

왕가수王嘉秀가 물었다. "…… 저 도교와 불교의 무리들 가운데 마음이 깨끗하고 욕심이 적어서 초연히 세속의 속박을 벗어난 자들을 보면, 도리어 (세속의 유자들이) 미치지 못하는 면이 있는 듯합니다. 오늘날 학문하는 사람들이 미리부터 도교와 불교를 배척할 필요는 없으며, 우선은 뜻을 독실하게 하여 성인의 학문을 해야 합니다. 성인의 학문이 밝혀지기만 하면 도교와 불교는 저절로 사라질 것입니다. 그렇지 않다면 우리 유자들의 학문에 대해 저들은 아마도 하찮게 여길 것입니다." 「육징의 기록」

양명은 제자 왕가수의 불교·도교 등에 관한 말에 동의한다. 양명은 자주 '양지'良知에 관해, 이것은 말로써 설명하거나 전해 줄 수는 없는 것이라고 말했다. 가르침은 언어를 통해 근처까지 이끌어 줄 수 있을지는 몰라도, 결정적으로 깨달음의 궁극에서 사람들은 각자 터득하지 않으면 안 된다는 것이다. 양지에 대한 양명의 이러한 언급들은 흡사 불교의 선사들을 떠올리게 하는 측면이 강하다. 양명이 자신의 최종 학설인 치양지설에 대해 언어적인 설명을 포기하는 것처럼 보일 때, 이와 같은 양명의 이론은 다른 유학자에게는 이단의 그림자를 보게 만들었다. 하지만 이것은 양명의 학문이 이단, 즉 불교에 뒤섞여 버렸기 때문이 아니라, 양명의 사유가 체험에 바탕을 둔 철저한 일원론을 고수했기 때문이었다. 양명은 "선학禪學의 학문과 성인聖人의 학문은 모두 그 마음을 극진히 하기를 추구하는 것"이라는 점에서 사실상 차이가 없는 것이라고 보았다.

    그러므로 양명의 사승 관계에 대한 관심은 그가 누구에게 무엇을 배웠는가가 초점이 아니다. 누군가의 사상이 아무리 독창적이라 해도 학문은, 그것이 보편의 진리를 지향하는 한, 수많은 관계들이 뒤얽힌 공적인 활동인 것이다. 그러므로 양명의 사상이 아무리 독특했다고 한들 그 안에서 뿌리를 거슬러 올라가는 작업은 가능하다. 하지만 이러한 뿌리 찾기와 늘어가는 정보 몇 가지가 무슨 소용인가. 차라리 그 시간이면 배움과 관련해 양명이 보여 준 새로운 이미지를 그려 보이는 게 나을 것이다.

배움^{學}에 대한 강조는 동아시아 유학사에서 아무리 강조해도 지나치지 않다. 공자나 유학 사상에 아무리 무관심한 사람도 '학이시습지^{學而時習}$_{之}$, 불역열호^{不亦說乎}'라는 『논어』의 첫 구절은 낯설지 않을 것이다. 공자 학단 즉 유가의 특징이 공부를 매개로 한 일종의 학문 공동체였다는 사실, 『논어』의 첫 편이 '학이'^{學而}, 즉 배움으로 시작된다는 점, 공자 스스로 일생의 첫번째 전환점을 열다섯에 '배움'에 뜻을 둔 데서 찾았다는 것, 그리고 무엇보다 공자가 스스로를 배움을 좋아하는 사람이라 불리길 바랐다는 점 등등. 공자로 대표되는 유학의 근원에서 우리는 이렇게 배움을 향한 공동체적인 앎의 의지를 어렵지 않게 만난다.

성인은 배워서 이를 수 있다. 그런데 성인 또한 배우는 존재다. 성인은 태어나면서 아는 사람(생이지지^{生而知之})인데 어째서 성인 또한 배우는 존재일까. 그 이유는 성인이 태어나면서부터 아는 것은 천리이지 지식이 아니기 때문이다. 살면서 필요한 정보나 지식에 관해서라면 성인도 모르는 것이 있고, 그러기에 성인 또한 배워야 한다. 필요하다면 성인은 누구에게든 어디에서든 묻고, 배운다. 보통 사람들이 성인에게 배워야 할 것은 바로 이것이다. 성인이 태어나면서부터 아는 것은 배워서 알 수 없다. 배워야 할 것은 성인도 모르는 것이 있으면 기꺼이 배운다는 이 사실인 것이다.

그러므로 양명이 말하는 성인은 자기 자리에서 배움(=물음)을 구성하는 사람이다. 학문^{學問}, 즉 배움과 물음(혹은 배움=물음)은 특정한 장소

나 대상에 구애되지 않는다. 배움은 각자 자신의 양지를 통해 질문하는 것이고, 그 질문을 통해 양지를 실현하는 것이다. 양지가 실현되는 그것은 배움(=물음)을 이루는 것이다. 이런 의미에서 좋은 배움은 그 자체로 좋은 삶의 현재적 실천이다.

    주자는 물론 불교와 도교 등 이단 사설조차도 기꺼이 자신의 학문으로 흡수했다는 것. 배움에 대한 이러한 태도는 거꾸로 양명이 어째서 많은 이들에게 훌륭한 스승이 될 수 있었는가를 설명해 준다. 스승은 가르치고 제자는 배운다. 하지만 스승은 지식을 전수해 주는 사람이 아니라, 가르침으로써 배우는 자이기도 하다. 요컨대 스승은 제자로 하여금 배움에 대한 욕망을 일으키는 자에 대한 이름인 것이다. 그렇기에 스승은 잘 가르치기 이전에 누구보다도 먼저 질문하는 자, 잘 배우는 자의 이름이다.

2
논쟁 :
나의 가장 사랑스러운 적, 친구

뜨거운 철학

양명은 뜨거운 학자였다. 열정과 활기는 양명을 이해하는 중요한 키워드다. 이는 전쟁 놀이를 일삼던 골목대장 양명과 훗날 사상계의 태산이 된 주자학과의 대결에서 물러서지 않았던 양명을 잇는 일관된 삶의 결이었다. 양명은 정靜적이고 엄숙한 글방 선비를 떠올리게 하는 일반적인 사대부 유학자 이미지와는 사뭇 달랐던, 야생의 개척자였다.

> 반드시 용기가 있어야 한다. 공부가 오래되면 저절로 용기가 생긴다. 그러므로 (맹자는) "이 호연지기浩然之氣는 의로움을 쌓아서 생기는 것이다"라고 하였다. 쉽게 이겨 낼 수 있는 사람이 바로 위대한 현인이다. 「진구천의 기록」

양명 철학의 역동성은 그의 기질에서 연원한 것이지만, 바탕에는 그의 끈기와 치열함이 놓여 있다. 이것은 또한 양명 사유의 유연성을 말해 주는 것이기도 하다. 공부라는 것은 다른 무엇보다 나에게 이로운 것이다. 양명이 용장에서의 고달픈 육신과 상처받은 자존심을 보상받기 위해 무엇인가를 기획(!)했다면, 그는 사회적으로 성공한 인물이 되었을지는 몰라도 오늘날과 같은 철학적 거인은 되지 못했을지 모른다. 단적으로 말해 양명은 유배지 용장에서 처절하고 철저한 승부를 벌인 결과 깨달음에 도달했던 것이다. 물론 그 승부는 그 자신과의 싸움이었다.

그러므로 양명의 열정은 언제나 즐겁기만 한 것도 아니었고, 결과적인 측면에서 해피엔딩이었던 것도 아니다. 오히려 그 반대다. 오늘 하루 내 일상의 문턱을 겨우 넘어가도 내일 또다시 똑같은 장애가, 또 다른 문턱들이 펼쳐지는 게 삶이기 때문이다. 양명의 명망과 능력이 커질수록 이를 시기하는 무리들 또한 늘었다.

양명은 점점 더 많은 적들에게 둘러싸였다. 양명의 적들은 대개 기존의 정치적·사회적·학문적 기득권 세력들이었다. 정치 권력으로서의 황실 세력 및 그 측근들, 사회적 지배 계급으로서의 고위 관료들, 사상적 주류였던 하지만 교조화되고 있던 주자학자들 등등. 그들이 볼 때 양명은 자신들의 권위와 전통에 대항하는 골치 아픈 불순물 혹은 이단이었던 것이다. 그리고 어느 순간 양명은 논쟁의 중심에 서 있게 되었다. 그리고 그 논쟁들은 언제나 뜨거웠다. 마치 그가 보여 준 삶의 열정처럼.

양명에 대한 비판은 크게 두 가지로 정리해 볼 수 있다. 첫째로는 유학 내부의 것인데, 이는 양명의 학문이 새로운 것으로 인식될수록 낡은 것이 되어야 했던 주류 학문의 반발이었다. 굳이 변증법 같은 말을 들먹이지 않아도 역사는 언제나 새로운 것의 등장 앞에서 사라져 버릴 수밖에 없는 낡은 것들의 군색한 저항을 보여 주었다. 그 과정은 평화롭기 쉽지 않다. 낡은 것은 기득권 세력이기 쉽고 대체로 힘을 장악한 경우가 많았기 때문이다.

유학사에서 양명학의 등장도 마찬가지였다. 양명학의 등장은 그때까지 주류 학문이던 주자학의 계승자들의 격렬한 반감과 반발을 불러일으켰다. 하지만 주자학은 처음 등장할 당시 자신들이 가졌었던 새 시대의 선구적 지위를 양명에게 넘겨주지 않을 수 없었다.

양명학은 관부와 관학파에게는 국가 체제에 대한 도전으로까지 받아들여졌다. 여기에는 명대 황실의 타락과 이로 인한 민심의 동요 등 여러 원인들이 뒤섞여 있지만, 결과적으로 양명학은 국가 기관에 의해 공식적인 이단으로 선포되었다. 가정嘉靖 1년 1522년 명나라 조정은 양명학 전습 금지령을 공포했다. 양명 나이 51세 때의 일이다. 양명학의 역사로 보자면 그의 최종 학설인 '치양지설'이 제창되어 막 전파되고 있던 상황이었다. 이후에도 양명학에 대한 금지는 가정 8년과 16년, 각각 두 차례나 더 공식화되었다. 그럼에도 황종희黃宗羲는 명나라 유학사를 회고하는 글에서 양명학의 기세가 천하를 뒤흔들 정도라고 말했다. 이것은 양명학의 세력이 당시 명나라의 공식적인 탄압에도 불구하고 격정적으로 확장되고 있었음을 의미한다. 어떻게 양명학은 계속되는 탄압 속에서도 세력을 펼쳐 나갈 수 있었을까?

대화, 타자와의 만남

여기에서 『전습록』이 대화의 기록이라는 사실을 다시 한번 상기할 필요가 있다. 『전습록』의 대화는 두 가지 특별한 관계를 기초로 이루어져 있는데, 하나는 양명과 문도門徒들 사이의 대화였고, 다른 하나는 양명과 주자학파 사이의 대화였다. 전자가 양명학 내부에서 동일화를 지향한 소통이었다면 후자는 양명학의 타자他者 체험이었다. 타자와의 만남에서 동일화는 결코 발생하지 않는다.

양명에 대한 비판이 타자와의 만남에서 비롯되었다는 것은 일견 평범한 사건처럼 보인다. 타자란 무엇인가. 여러 설명이 가능하겠지만, 일단 타자는 서로간에 전제가 공유되지 않는 관계를 지시한다. 아무런 공통점이 없는 상대의 존재는 무엇이고, 여기에서는 어떤 일이 벌어지는가.

1520년 6월, 50세의 왕양명은 한 통의 편지를 받았다. 발신인은 당대의 걸출한 주자학자인 나정암羅整菴, 1465~1547이었다. 나정암은 양명의 심성론이 불교와 비슷하며, 양명이 주장한 '고본대학'古本大學설과 '주자만년정론'朱子晚年定論설은 초보적인 자료조차 잘못돼 있어 신뢰할 수 없다고 비판했다. 나정암은 이렇게 말했다. "도道는 보기도 물론 어렵지만 체득하기는 더욱 어렵습니다. 도는 참으로 밝히기 쉽지 않지만, 학문도 참으로 강론하지 않을 수 없습니다. 자기의 견해에 안이하게 파묻혀서 마침내 그것을 (학문의) 최고 준칙이라고 생각해서는 안 될 것입니다." **「나정암 소재에게 답하는 글」答羅整庵少宰書** 한마디로 말해 나정암은 양명의 학설은 성인에서보다 이단 사설에 더 가깝다고 비판했다.

무릇 학문은 마음에서 얻는 것을 귀하게 여깁니다. 마음에서 구하여 그르다면 비록 그 말이 공자에게서 나왔더라도 감히 옳다고 여기지 않습니다. 하물며 공자에 미치지 못하는 사람은 어떻겠습니까? 마음에서 구하여 옳다면 비록 그 말이 평범한 사람에게서 나왔다고 하더라도 감히 그르다고 여기지 않습니다. 하물며 공자에게서 나온 것은 어떻겠습니까? 게다가 (『고본대학』이라는) 옛날 판본은 수천 년에 걸쳐서 전해 내려온 것입니다. 이제 그 문장을 읽으면 이미 명백하여 통할 수 있고, 그 공부를 논하면 또 쉽고 간단하여 들어갈 수 있습니다. 그런데 무엇을 근거로 이 단락은 반드시 저곳에 있어야 하고, 저 단락은 반드시 이곳에 있어야 하며, 이곳에서는 무엇을 빠뜨렸고, 저곳에서는 무엇이 잘못되었다고 단정하여 마침내 그것을 개정하고 보충하여 편집하는 것입니까? 이것이 어찌 주자를 어기는 데는 신중하고, 공자를 배반하는 데는 경솔한 것이 아니겠습니까? **「나정암 소재에게 답하는 글」**

나정암에게 보낸 양명의 답신은 길고 정성스럽게 쓰여졌다. 논점은 분명했다. 양명 자신은 오직 '마음'에서 얻는 것을 귀하게 여긴다는 것! 나아가 누구라도 그래야 하고 그럴 수밖에 없다는 것. 왜냐하면 이것이야말로 성인의 가르침이기 때문이다. 자신보다 지위나 나이 등이 많은 논쟁자들과도 논쟁을 적당한 선에서 타협할 수 없었던 것은 양명에게 논쟁은 옳고 그름을 따지는 문제가 아니었기 때문이다. 논쟁조차도 양명에게는 오직 자신의 마음을 따르는 문제였을 뿐이다.

그러므로 나정암과 양명의 논쟁은 처음부터 승패를 떠난 것이었다. 주자학과 양명학은 전제가 달랐던 두 세계관의 충돌이었다. 이 경우 논쟁을 통한 합의 가능성은 원천적으로 봉쇄된다. 언제나 이런 식이었다. 양명의 싸움은 언제나 출구가 없었다. 때문에 양명의 논쟁에는 늘 격렬한 피비린내가 진동한다. 하지만 양보와 타협이 없었던 이 싸움을 통해 양명학과 주자학은 사상적으로 한결 원숙해지고 단단해졌다.

대화란 본질적으로 타자와 만나는 행위이다. 동일한 입장과 전제를 공유하는 집단 내부에서의 대화는, 정도의 차이는 있겠지만, 결과적으로는 합의를 위한 소요에 지나지 않는다. 그러므로 제자들이 묻고 스승은 답한다는 형식! 이러한 강학 형식 자체가 양명학의 새로움을 설명하지는 않는다.

양명학의 가치는 거꾸로 양명학 바깥의 타자들과의 대화를 통해 기존의 합의를 전도시켰다는 데 있다. 양명학이 공식적인 이단이 된 것은 단지 이들의 주장이 주자학과 일치하지 않았기 때문이 아니라, (주자학으로 상징되는) 기존 가치와는 전제 자체를 공유하지 않았기 때문이다. 명대 중기 이후 양명학이 공식적으로 금지되었음에도 정작 도교나 불교의 포교는 금지되지 않았다는 아이러니!

대화에서의 타자는 일차적으로 논적論敵이다. 논적은 나를 극복하려는 힘이고, 따라서 나 역시 그를 극복하지 않으면 안 되는 힘이다. 즉 타자는 결코 나와 함께 동화될 수 있는 존재가 아니다. 절망적인 말처럼 들릴지 모르지만 대화를 통해 타자를 변화시키는 것은 불가능하다. 이 말은 대화를 통해 내가 타자에 동화될 수 없다는 말이기도 하다. 하지만 그럼에도 왜 타자와의 대화가 필수적인가. 그 이유는 타자가 아니면 우리는 스스로 자신의 극한을 경험할 수 없기 때문이다. 요컨대 타자와 부딪침으로써 우리는 비로소 이제까지의 내가 아니면서 또한 타자의 자리도 아닌 새로운 경계 위에 설 수 있게 된다.

그러므로 타자는 지금까지의 나로부터 벗어날 수 있게 해주는 가장 원초적이면서 또한 가장 짜릿한 동력이다. 타자는 나를 끊임없이 긴장시키고 자극시킨다. 나를 완성시켜 주는 훌륭한 악인 셈이다. 맹자는 고자告子라는 논적을 통해 유학사의 성현이 될 수 있었다. 주자 또한 한창 학문이 무르익을 무렵 동시대의 가장 위험스러운 논적 육상산陸象山(육구연)을 만났다. 아호사鵝湖寺에서 벌어진 주자와 육상산의 역사적인 논변은 끝내 이들의 학문을 융합시키지 못했지만(논쟁이 끝난 후 육상산에게 주자의 학문은 '지리'했고, 주자에게 육상산의 학문은 지나치게 '간명'했다), 이 만남은 서로에게 최고의 선물이 되었다.

양명은 나정암 같은 당대의 걸출한 논적들로부터 집중포화를 받을수록 점점 더 자신의 치양지를 확신하게 되었다. 즉 타자와의 만남은 타자에 동화되거나 타자를 이해하게 만드는 데로 이끄는 힘이 아니라 양명으로 하여금 더욱 견고한 재구성의 과정을 거치도록 만들었던 것이다. 적은 비록 나에게 타자이지만, 다른 한편으론 '나를 구성하게 하는 외부'라는 역설.

예컨대 나정암과의 논쟁에서 문제가 되었던 몇 가지 주제 중 특히 '격물' 비판은 초년 시절부터 양명이 주자학 위에서 실험하고 변화시킨 사유였다. 주자학이라는 타자가 없다면 양명의 격물설은 성립 자체가 불투명해진다. 그런 점에서 주자학과 양명학은 서로에게 최고의 타자였다. 양명과 담감천의 우정은 서로에게 좋은 지기知己가 된다는 것이 어떤 것인지 잘 보여 준다. 양명학자와 주자학자로서 이들은 서로에 대해 타자였다. 하지만 또한 이들은 서로의 학문과 인격에 언제나 깊은 신뢰를 보냈던 또 하나의 자기였다. 이상하게 들릴지 모르지만, 이들의 우정이 빛나 보이는 이유는 이들이 서로에 대해 갖는 애정만큼 상대방에게 무자비했다는 사실을 빠뜨릴 수 없다.

단단하고 굳센 삶을 살고자 하는 사람은 상대가 무력하기를 바라서는 안 된다. 상대가 강하면 강할수록, 전쟁의 상처가 크면 클수록, 나의 능력은 커진다. 물론 이 말은 무작정 상대와 대립하여 싸움을 일삼아야 한다는 뜻이 아니다. 굳이 병법을 들먹이지 않더라도, 싸움의 목적은 싸우지 않을 수 없음에 있는 것이고, 최고의 싸움은 싸우지 않고 출로를 찾는 것이기 때문이다. 하지만 분명한 건 어떤 문제를 지레짐작하여 회피하거나 어떤 식으로든 정면에서 돌파하려고 하지 않는다면 우리는 비슷한 문제를 늘 반복하게 된다는 사실이다. 인디언의 속담에 겪어야 할 일들은 반드시 겪게 된다고 하지 않던가.

나는 타자다

그런데 다시 물어보자. 타자란 무엇인가. 우리가 타자를 만난다는 것, 어디선가 타자적 관계를 느낀다는 것은 무엇을 의미하는 것인가. 타자는 나와 어떤 관계인가. 이런 질문들이 가능한 이유는 사람이란 결코 혼자서 살아가는 존재가 아니기 때문이다. 따지고 보면 우리가 '나'라고 말할 수 있는 것은 다른 무엇과도 공통되지 않는 고유한 실재가 아니라, 거꾸로 나를 나라고 말할 수 있게 하는 다른 모든 것들과의 총합임을 알 수 있다. 즉 '나'는 무엇과 무엇이 아닌 존재가 아니라, 무엇과 무엇과 무엇들인 존재이다. 예컨대 '나'는 누군가의 자식이고, 누군가의 친구이고, 누군가의 첫사랑이고, 누군가의 형제이고, 누군가의 원수이고, 누군가의 무엇 무엇이다. 이 모든 것이 '나'다.

그렇다면 타자와의 만남이란 사실 나 자신을 만나는 것이기도 하다.

왜냐하면 우리가 타자에게서 느끼는 낯섦이란 결국 그러한 타자성을 낯설게 느끼는 '나'의 발견에 다름 아니기 때문이다. 타자 관계를 인식한다는 것은 나 자신을 새롭게 발견하는 과정인 셈이다.

여기에서 타자 체험을 통한 나의 발견을 강조하는 이유는 그것이 궁극적으로 양지를 밝힌다는 양명의 가르침과 상통하는 측면이 있기 때문이다. 양명이 말한 치양지란 나의 본성을 회복하는 것이면서 동시에 매 순간 확충하는 것이었다. 본성을 회복한다는 것은 나 자신의 사욕을 깨닫고 이를 제거하는 것이다. 확충한다는 것은 지금 현재의 나를 잉여 없이 온전히 실현하는 것이다. 물론 이 과정은 생각보다 어렵다. 대의에 동의해도 구체적인 사안들에서 좌절하는 경우도 많다.

하지만 양명은 그럼에도 불구하고 치양지한 삶은 물러서거나 돌아갈 수 없는 절대적인 것이라고 여겼다. 능력이 부족해서 하지 못하는 경우는 없다. 왜냐하면 치양지란 다른 무엇이 아닌 자신과의 싸움이기 때문이다. 그렇다면 이왕 이 한 길로 들어선 이상 우리에게 필요한 건 사욕의 뿌리까지 뽑아내고 그 근원을 틀어막겠다는 용기다.

1525년, 양명은 고동교란 친구에게 한 통의 편지를 받았다. 고동교는 양명보다 나이는 어렸지만 양명보다 일찍 진사가 되어 높은 관직에 오른 인물이었다. 이 편지에서 고동교는 양명의 학문에 대해 여러 가지 질문을 던졌다. 요약하자면 양명의 대의에는 동의할 수 있지만, 여전히 해결되지 않는 의문들이 있다는 것.

양명은 고동교에게 부칠 답장을 작성했다. 이 편지는 고동교의 질문에 대해 조목조목 장을 나누어 대답하는 형식으로 되어 있다. 마치 한 편의 논문을 읽는 듯한 느낌이 드는 이 글의 끝에 '발본색원설'拔本塞源說이 붙어 있다. 이 글은 한동안 '누군가에게 보낸 편지'라는 제목으로 전해질 만큼 단호한 어조의 글이었다. 생의 만년에, 그것도 가장 가까운 지인 중 한 사람에게 보낸 편지임을 감안한다면, 양명에게 학문의 엄정함과 치양지한 삶의 치열함이 얼마나 물러설 수 없는 자신과의 싸움이었는지 생각해 보게 된다.

양명의 이러한 모습을 단지 그가 강학과 논쟁을 즐긴 학자였다는 식으로 치부해 버릴 수는 없다. 양명의 말년은 각지에서 찾아오는 수많은 제자들로 문지방이 닳을 지경이었다. 관직에 대한 욕망도 없었으므로 자신을 따르는 제자들과의 강학만으로도 양명은 충분히 바쁘고 정신없는 시간을 보내는 중이었다. 잠시 머물다 떠나는 제자들은 얼굴조차 기억하지 못할 정도였다. 하지만 양명은 마지막까지도 자신을 향해 날아오는 논쟁들을 피하지 않았다. 피하기는커녕 더욱 전력을 다해 그들에 맞섰다. 논쟁은 끊임없이 타자와 마주치는 계기인 동시에, 그럴수록 자기 자신을 타자화하는 길이기 때문이다. 일례로 만년에 있었던 제자들과의 한 강학에서 양명은 시간이 지날수록 점점 더 자신을 비난하는 무리가 많아지는 이유가 자신에게 있다고 밝혔다. 과거에는 향원鄕愿의 마음이 있었지만 치양지한 삶을 깨닫게 된 이후 자신을 속일 수 없게 되었고, 그럴수록 점점 세속의 인연들과 멀어지게 되었다는 것이다. 이러한 삶은 흔히 세상으로부터 미치광이漂 소리를 듣게 마련이다.

하지만 치양지한 삶은 타자의 삶을 나의 삶에 동화시키거나 내 삶을 타자의 삶에 동화시키는 것이 아니다. 치양지한 삶은 오히려 타자일 수밖에 없는 삶의 관계들을 그 자체로 받아들이는 것이다. 어느 한쪽으로 한쪽을 동일하게 만들려고 하는 건 결국 어느 쪽이든 자신을 속이는 것이기 때문이다. 향원은 타자와 절충 혹은 동화하는 이들이다. 하지만 광자의 사전에는, 비록 뜻을 이루지 못할지언정, 타협은 없다.

광자는 매 순간 좌충우돌한다. 그리고 그 삐걱거림을 통해 광자는 수많은 타자들을 생산한다. 그러므로 사상이 무르익을수록 비난하는 무리 또한 많아지게 된 것은 오히려 양명의 치양지가 더욱 철저해졌음을 의미한다. 그것은 양명 스스로 광자의 삶을 자신의 길로 기꺼이 받아들인 결과이기도 하다. 광자의 삶은 모든 것을 타자화하고, 모든 것으로부터 타자화된다. 궁극적으로 광자는 자기 자신에게조차도 타자화되는 삶이다.

3
배움의 정원 :
천하와도 바꾸지 않을 기쁨

스승은 도반이다

사람들은 저마다 타고난 재능과 능력이 다르다. 이는 각자 배움을 통해 실현하는 곳에서도 차이가 있을 수밖에 없다는 사실을 의미한다. 물론 이 모두가 자신의 양지를 실현한다는 점에서는 같은 것이라 말할 수 있고, 또한 결국 치양지란 스스로 체득할 수밖에 없는 문제이지만, 훌륭한 스승은 제자들의 이러한 차이 위에서 그들을 일으켜 준다. 같은 문제에 대해 공자가 진취적인 자로子路와 소극적인 염구冉求에 대해 한쪽은 눌러 주고 다른 한쪽은 북돋워 주었던 것처럼 스승 양명도 제자들의 근기根機 타고난역량에 따라 가르침을 베풀었다.

어느 더운 여름날, 양명은 제자들과의 강학을 위해 나섰다. 양명의 문하에는 전국에서 가르침을 청하는 제자들로 언제나 북적였다. 강당에는 이른 아침부터 많은 사람들이 자리를 가득 메운 상태였다. 평소와 다름없이 양명의 열정적인 강의는 이날도 어김없이 계속되었다. 제자들 또한 수동적으로 묵묵히 듣기만 하는 것은 아니었다. 양명학단의 강학에는 언제나 배움을 둘러싼 활기찬 대화들이 끊이지 않았다. 한여름의 강의실은 배움에 열정적인 제자들과 더불어 금세 달아올랐다. 오후로 접어들자 더욱 후텁지근해졌다. 양명은 땀을 많이 흘리는 제자에게 자신의 부채를 내주었다. 하늘 같은 스승이 내미는 후의에 당황한 제자는 극구 사양했다. 하지만 기어이 부채를 제자 손에 쥐어 주며 이렇게 말했다. "성인의 학문은 그렇게 얽매여 괴로워하는 것이 아니며, 도학적인 겉모양을 꾸미는 것이 아니다." 아마도 양명이 내민 부채는 스승의 자비심이 아니라 곤경에 빠진 동료에 대한 진심 어린 우정이었을 것이다.

양명학단에서는 모두가 스승이고 모두가 제자였다師=友. 명말청초의 사상가 이탁오李卓吾(이지)의 당당한 웅변처럼, "배울 수 없는 친구는 친구가 아니고, 친구가 될 수 없는 스승은 스승이 아닌 것"이다. 하여 배움을 둘러싼 양명학단의 분위기는 전근대 유학의 위계적 엄숙함과는 거리가 멀다. 제자들에게 양명은 두렵고 위대한 스승이었지만, 다른 한편 누구보다도 친근한 길 위의 짝(도반道伴)이었다.

(양명) 선생께서 말씀하셨다. "그대들은 요즘 질문이 적은데, 무엇 때문인

가? 사람이 공부를 하지 않는다면 그 스스로 이미 학문하는 방법을 알고 있고, 그것을 따라 행하기만 하면 된다고 생각할 것이다. 특히 사욕이 날마다 생겨나서 마치 땅 위의 먼지처럼 하루를 쓸어내지 않으면 한층 더 쌓이게 된다는 것을 알지 못한다. 착실하게 공부한다면 곧 도는 끝이 없어서 탐구하면 할수록 더욱 깊어진다는 것을 알게 될 것이다. 반드시 조금이라도 철저하지 않음이 없도록 정밀하고 명백하게 탐구해야만 한다. 「육징의 기록」

학문적 동지로서, 스승으로서, 양명은 끊임없이 제자들을 독려했다. 질문해야 한다는 것. 질문이란 배움의 길 위에서 쉬지 않고 나를 움직이게 하는 첫번째 원리다. 예컨대 '學問'학문이란 배우고 묻는 것이다. 훌륭한 대답은 훌륭한 물음에서 나온다. 묻는 것은 이미 배우는 것이다.

당연히 양명의 제자들은 충성도가 높았다. 사람들은 양명이 있는 곳이라면 아무리 먼 길이라도 마다하지 않았으며, 또 양명을 만나 스승과 제자로서의 관계가 시작되면 그 의리를 쉽게 저버리지 않았다. 양명을 찾아 각지에서 찾아오는 문도들로 인해 인근에 새로운 마을이 형성되었고, 하루에도 수많은 사람들이 양명을 찾아오고 또 떠나는 바람에 한 달을 같이 있어도 미처 그 얼굴을 다 익히지 못한 제자들도 수두룩했다. 물론 큰 스승 밑에 많은 제자들이 있었다는 사실이 특별한 건 아니다. 하지만 양명의 경우, 생전에 이미 숱한 비판과 견제 속에 놓여 있었다. 그런 양명의 무엇이 이들을 끌어당겼던 것일까.

뛸 듯이 기쁘고 모골이 송연한

양명의 인품과 학풍은 전통적인 유가의 사제지간에서 느껴지는 딱딱하고 완고한 관계이기보다는 스승과 제자가 함께 어우러지는 공동체의 이미지가 강하다. 이 공동체의 강령은 배움이었다. 이 배움의 정원에서 양명과 제자들은, 진리란 경전이나 성인에게 있는 것이 아님을, 학문이란 오직 내 마음을 밝고 환하게 비출 뿐이라는 원칙을 공유했다. 하여 양명학단의 공부하는 모습은 우리들이 갖고 있는 유학에 관한 일반적인 엄숙주의를 자주 무너뜨린다. 성인의 학문은 괴로운 것이 아니다!

양명은 종종 제자들에게 "요즘 공부가 어떠한가?"라고 묻는다. 또는 생각할 문제들을 가지고 제자들에게 먼저 다가간다. 제자들의 공부에 관한 스승 양명의 관심은 제자들을 줄 세우기 위해서가 아니다. 직업과 나이, 고향, 성격 등에서 각기 다른 개성의 제자들을 위해 양명은 다양한 교수법으로 제자들을 만났다. 이들 사이에 이뤄지는 일차적인 배움의 형식은 기본적으로 문답 형식의 대화이지만, 그 문답 속에서 양명은 마치 선사禪師들이 공안公案을 부리듯 제자들에 따라 여러 방편들을 활용하곤 했다.

한 친구가 공부가 절실하지 못하다고 문의하였다. 선생께서 말씀하셨다. "학문 공부에 대해 나는 이미 한마디로 다 말했다. 그런데 어째서 오늘날에는 말을 하면 할수록 더욱 멀어져서 도무지 뿌리를 내리지 못하는가."

(그 친구가) 대답했다. "치양지에 대해서는 대개 가르침을 들었습니다. 그러나 역시 강론하여 밝혀야 한다고 생각합니다." 선생께서 말씀하셨다. "이미 치양지를 알았다면 또 무엇을 강론하여 밝힐 게 있겠는가? 양지는 본래 명백하니 실제로 공부하기만 하면 된다. 기꺼이 공부하려 하지 않고 단지 언어 위에 설명을 보태려 한다면 더욱 모호해질 것이다."
(친구가) 말했다. "(양지를) 바로 실현하는 공부에 대해 강론하여 밝혀 주시길 바랍니다." 선생께서 말씀하셨다. "이것은 반드시 그대 스스로 구해야 한다. 나도 달리 말할 수 있는 방법이 없다. 옛날에 어떤 선사가 있었는데, 사람이 방법을 묻자 다만 불자拂子를 치켜들었다. 하루는 학생이 불자를 감추고 그가 어떻게 설법하는지 시험하였다. 선사는 불자를 찾다가 보이지 않자, 다만 빈손을 치켜들었다. 나의 이 양지는 바로 법을 베푸는 불자이다. 이것을 버리고 치켜들 만한 무엇이 있겠는가."
잠시 뒤 다른 친구가 공부의 요점을 물었다. 선생께서 주변을 둘러보시며 말씀하셨다. "내 불자가 어디 있지?" 일시에 앉아 있던 자들이 모두 뛸 듯이 감동을 받았다. 「황성증의 기록」

이 대화에는 스승 양명의 유쾌하고 노련한 스타일이 잘 표현되어 있다. 하지만 그보다도 제자들이 한꺼번에 뛸 듯이 감동을 받았다는 마지막 부분에 눈길이 간다. 스승과 제자가 강학을 한다, 제자는 묻고, 스승은 대답한다. 보통 여기까지가 우리가 익히 보아오던 강학의 기록이고 대화의 기록이다. 하지만 『전습록』과 양명학단에는 여기에 특별한 무엇이 보태어져 있다. 그건 다름 아닌 공부가 이루어지는 현장의 분위기이다. 우리는 인류 역사를 통해 많은 스승들의 자취를 찾아볼 수 있다. 하지만 진리를 다루는 현장에서 양명과 그의 제자들처럼 활발발한 풍경을 자연스럽게 드러내고 있는 집단을 만나기는 쉽지 않을 것이다.

이렇듯 『전습록』에는 사제 간의 강학뿐만 아니라 강학 너머의 컨텍스트에 관한 언급들이 종종, 아니 자주 드러난다. 이것은 『전습록』 편집자들의 실수나 부주의를 말해 주는 사고가 아니다. 이런 대목들이야말로 양명과 그의 학문이 가진 개성의 일단을 가감 없이 말해 주는 흔적들인 것이다. 요컨대 양명사단의 공부 현장에서 강조되었던 것은 단지 강학의 내용, 즉 지식의 정수가 생산·유통되는 것에 있지 않았다. 스승의 학문과 인품에 대한 무한한 애정과 존경을 품었던 고제자들조차 『전습록』 편찬 과정에서 끝내 잘라낼 수 없었던 이와 같은 현장감이야말로 양명학의 정수이자 그들이 자랑스러워했던 스승의 진면목이었던 것이다.

하여 이들은 스승과의 강학 속에서 모골이 송연해지도록 큰 가르침을 얻기도 하고, 한바탕 박장대소를 일으키며 다함께 낄낄거릴 수도 있었다. 앞에서처럼 부채를 받지 못해 쩔쩔매는 친구가 있는가 하면, 그런 친구 옆에서 스승의 가르침을 또 다른 질문으로 만들어 내는 제자도 있었다. 조금 깨달은 것이 있다고 잘난 체하다 크게 창피를 당하는 사람도 있고, 끝내 마음으로 믿지 못하면서 가르침을 구하다 자기 꾀에 걸려 넘어지는 제자도 있었다. 이 모든 것이 양명의 학단에서는 일상이었다. 도를 구하는 유학자들의 일반적인 위엄과는 사뭇 다르지만 다른 차원에서 진실되고 생동감 넘치는! 뛸 듯이 기쁘고, 모골이 송연한!

집단 지성

양명의 강학은 때와 장소를 가리지 않았다. 언제 어디라도 바로 거기가 강학의 시간이자 장소였다. 제자들의 질문이 있으면 전쟁터로 떠나는 출정 전야에도 강학을 열었다. 대부분의 삶을 길 위에서 보내야 했으므로, 강학은 종종 길 위에서 즉석으로 이루어지기도 했다. 심지어 말을 탄 채 강학을 한 적도 있었다. 하여 양명이 지나는 길에는 언제나 배움을 구하는 자들의 행렬이 끊이지 않았다. 양명이 강학의 때와 장소를 가리지 않았듯 그들 또한 언제나 양명의 곁을 떠나지 않았다.

> 이제 아동 교육은 오직 효제충신孝悌忠信과 예의염치禮義廉恥를 가르치는 데 오로지 힘써야 한다. 그들을 기르고 함양하는 방법은 시를 노래하도록 유인하여 그 뜻을 드러내게 하고, 예를 익히도록 인도하여 그 위의威儀를 엄숙하게 하며, 글을 읽도록 인도하여 그 지각을 개발해 주어야 한다. 지금 사람들은 흔히 시를 노래하고 예를 익히는 것을 시무時務에 절실하지 않다고 여기는데, 이것은 모두 세속의 용렬하고 비루한 견해이니, 어찌 옛사람이 가르침을 세운 뜻을 충분히 알 수 있겠는가!

대체로 어린아이의 정서는 놀기를 좋아하고 구속받기를 꺼려한다. 이것은 마치 초목이 처음 싹을 틔울 때 그것을 펼쳐 주면 가지가 사방으로 뻗어가지만, 꺾거나 휘어 버리면 쇠하여 시들어 버리는 것과 같다. 이제 어린아이들을 가르칠 때는 반드시 그들의 취향을 고무시켜서 속마음이 즐겁도록 해주어야 한다. 그러면 스스로 그치지 않고 나아갈 것이다. 비유컨대 때맞춰 비가 내리고 봄바람이 불어 초목을 적시면 싹이 움터 자라지 않을 수 없어서 자연히 나날이 자라나고 다달이 변화될 것이지만, 만약 얼음이 얼고 서리가 내린다면 생의生意가 쇠잔해져서 날마다 말라 가는 것과 같다. 그러므로 시를 노래하도록 인도하는 것은 비단 그들의 뜻을 드러내게 만들 뿐만 아니라, 또한 그 뛰고 소리치고 휘파람부는 것을 노래를 통해 발산하고, 그 답답하게 억눌리고 막혀 있는 것을 음절을 통해 펼쳐내게 하는 것이다. 예를 익히도록 인도하는 것은 비단 그 위의를 엄숙하게 만들 뿐만 아니라, 또한 응대하고 읍양하여 그 혈맥을 움직이게 하고, 절했다 일어났다 굽혔다 폈다 하여 그 힘줄과 뼈를 튼튼하게 하는 것이다. 글을 읽도록 인도하는 것은 비단 그 지각을 개발시킬 뿐만 아니라, 또한 침잠하고 반복하여 그 마음을 보존하고, 올렸다 내렸다 하며 소리를 내어 글을 읽어서 그 뜻을 펴게 하는 것이다. 무릇 이것들은 모두 그 뜻을 순리대로 인도하고, 그 성정을 길들이고, 그 속되고 인색함을 가라앉혀 없애고, 그 거칠고 완고함을 묵묵히 변화시키는 것이다. 그리하여 예의에 점차 나아가되 그 어려움을 고통스럽게 여기지 않게 하고, 중화中和에 들어갔으되 그 까닭을 알지 못하게 하는 것이다. 이것이 대개 선왕이 가르침을 세운 은미한 뜻이다. 「아동 교육의 대의를 교사 유백송 등에게 보이다訓蒙大意示教讀劉伯頌等」

1518년, 양명은 강서성 농민의 난을 평정했다. 그리고 이를 수습하는 과정에서 양명은 폐허가 되어 버린 강서성 남주南州 각지에 아이들을 위해 학교를 세웠다. 지역 선비들을 위해서는 공동체 모임 향약鄕約을 만들고 이들의 삶이 민란 지역이라는 불명예 때문에 2차 피해를 입지 않도록 노력했다. 여기에도 배움은 그 핵심에 자리하고 있다.

전쟁은 파괴와 살육의 예외 상태를 일상으로 여기게 만든다. 일생 동안 양명은 장군으로서 숱한 전쟁터에 나서야 했고, 원치 않는 싸움들을 겪어야 했다. 그 과정에서 수많은 죽음을 목격했다. 그것은 결코 유쾌한 일이 아니었다. 양명은 최대한 싸우지 않고 해결할 수 있는 방법을 찾았다. 지금 당장은 비록 서로 얼굴을 맞대고 싸워야 하는 적이지만, 다른 입장에서 보자면 저들도 누군가의 소중한 가족이고 단지 죽지 않기 위해 몸부림치는 생명들이었다. 하여 양명은 출정을 하게 되면 반란의 이유와 그들의 요구 사항들을 파악했다. 그것이 나름 이유가 있고, 국가가 책임져야 하는 부분이 있다면 최대한 그 요구를 들어주었다. 또한 양명은 전쟁이 끝나면 그곳에 서원書院을 창설하고, 향약鄕約을 제정했으며, 서당書堂을 개설했다. 전쟁으로 피폐화된 지역에서 성인의 삶을 실천하는 초석은 어쨌든 배움을 저버리지 말아야 한다는 믿음 때문이었다.

강학의 주제는 결국 자신의 양지를 스스로 깨달아야 한다는 것이었다. 하지만 양명이 상대해야 했던 이들이 모두 한결같았던 것은 아니다. 오히려 양명에게는 처음부터 의심을 거두지 않은 채 양명을 지켜보던 사람들, 마음은 있지만 받아들이지 못해 전전긍긍하는 사람들(양명의 말에 따르면 이는 아직 마음을 제대로 낸 것이 아니지만!), 깨달은 것 같다가도 금세 다른 상황에서 마음이 흔들려 좌절하는 사람들 등 양명에게는 오히려 이들을 향해 소리치고 그들을 위해 땀과 열정을 쏟아야 할 때가 더 많았다. 강학은 양명의 치양지였다.

배움에 관해서는 양명은 엄격하면서도 따뜻한 스승이었다. 『전습록』에는 제자들의 다양한 개성만큼이나 여러 방식으로 제자들을 이끌고 얼르고 설복시켰던 스승 양명의 방편들이 흘러넘친다. 양명은 제자들이 자신을 진리로 여겨 모두 똑같은 모습의 성인이 되는 것을 원하지 않았다. 훌륭한 스승은 제자들에게 태산이기보다는 평지가 되어 주어야 한다. 얼마든지 다른 재능과 능력을 가진 이들도 스승의 평지에서는 아무렇지 않게 어울릴 수 있도록. 배움에 관한 다양한 표정들이 공존한다는 점에서 양명이 실험한 배움의 정원은 분명 균질적이고 단일한 진리를 원리로서 학습하는 평범한 배움터는 아니었다. 그곳은 서로 다른 가치와 개성이 흘러넘치고, 타자들이 자유롭게 뒤섞이는 곳이었으며, 그 자체로 이질적일 수밖에 없는 도를 향한 수많은 행자行者들의 공동체였다.

4
양명의 평지를
내달린 사람들

사구교

양명 사후 그의 제자들은 절중浙中·강우江右·남중南中·초중楚中·북방北方·태주泰州 등으로 거침없이 퍼져나갔다. 『명사』明史에 따르면 양명 사후 제자들은 "천하에 가득"할 정도였다. 이것은 단지 양명학단의 문도들이 수적으로 많았음을 의미하는 것이 아니다. 흥미롭게도 양명학은 양명의 학문에 대한 전승이 아니라 각자 또 하나의 양명이 되겠다는 자기실현의 차원에서 전개되었다. 바로 여기에 양명학의 학문정신을 살펴볼 수 있는 단서가 있다.

1527년, 56세의 양명에게 광서성廣西省의 사현思縣과 전주田州 지역에서 일어난 도적떼를 정벌하라는 출병 명령이 내려졌다. 당시 양명은 건강

상의 이유로 모든 관직에서 물러나 절강성浙江省 소흥紹興 지방에서 제자들과 은거 중이었다. 오랜 지병이던 폐질환이 재발한 상태였고, 기력도 많이 쇠한 상태였다. 양명은 질병을 이유로 사임을 요청했지만 명나라 황실은 끝내 양명을 또다시 전쟁터로 내몰았다. 결과적으로 이 출병은 양명의 마지막 군사 업무가 되었다.

그런데 이 마지막 출병과 관련해서 양명학은 양명의 특별한 가르침 두 가지를 전한다. 하나는 출병에 즈음하여 강론한 『대학』 강의였고, 다른 하나는 출병 직전 찾아온 두 제자의 논변에 대한 조정이었다. 전자는 「『대학』에 관한 물음」大學問이란 기록으로, 후자는 '네 구절짜리 가르침' 四句敎(사구교)란 별칭으로 전한다. 「대학문」이 양명 학문의 자부심을 표명한 한 편의 웅변이라면, '사구교'는 가장 간명하게 표현된 양명의 최후 종지終旨라 할 수 있다.

사구교는 첫째, 선도 없고 악도 없는 것이 마음의 본체이고無善無惡心之體(무선무악심지체), 둘째, 선도 있고 악도 있는 것은 의지의 움직임이며有善有惡意之動(유선유악의지동), 셋째, 선을 알고 악을 아는 것이 양지이고知善知惡是良知(지선지악시양지), 마지막 넷째, 선을 행하고 악을 제거하는 것이 격물이라는 가르침이다爲善去惡是格物(위선거악시격물).

사구교논쟁이 발발하게 된 대략적인 개요는 이렇다. 마음의 본체와 관련된 양명의 가르침은 제자들 사이에서 끊임없는 논쟁거리였다. 양지는 어쨌든 말로써 설명될 수는 없는 것이었다. 그런데 "마음의 본체는 선도 없고 악도 없다"라는 스승의 말을 놓고 당시 양명학단에서 학문이 제일 뛰어났던 두 제자(왕용계王龍溪[왕기]·전서산錢緖山)의 해석이 갈라졌다. 오랜 토론에도 불구하고 끝내 입장 차이를 좁히지 못한 두 제자는 마침내 양명을 찾아 대답을 구했던 것! 하필 공교롭게도 그날은 존경하는 존경하는 스승이 노구의 몸을 이끌고 최후의 출병을 준비하던 전날 밤이었다.

양명의 사구교를 둘러싼 왕용계와 전서산 사이의 논쟁은 단순한 교리 해석의 문제가 아니다. 이 사건은 향후 양명학의 분화를 예비하고 있다. 간단히 정리하면 왕용계의 입장은 궁극적으로 본체란 선도 악도 없는 무無로 귀결된다는 것이다. 이에 반해 전서산은 그렇게 되면 허무하고 적막해질 뿐이니 현실에서는 실질적인 공부법에 더 치중해야 한다는 입장이었다. 왕용계가 사구교란 원칙적으로 모두 무無로 수렴된다는 주장이라면, 전서산은 사구교는 모두 실천의 가르침, 즉 유有라는 주장이었다. 전자를 사무설, 후자를 사유설이라 한다.

> 두 사람의 견해는 서로 의뢰하여 사용하는 데 꼭 알맞으니, 각기 한쪽에 집착해서는 안 된다. 내가 여기서 사람을 접하는 데는 원래 다음 두 가지 종류의 방법이 있다. 근기가 영리한 사람은 곧바로 본원本源으로부터 깨우쳐 들어간다. 사람 마음의 본체는 원래 밝고 맑아서 막힘이 없으며, 원래 (정감이) 아직 발현하지 않은 평형 상태(미발지중未發之中)이다. 근기가 영리한

사람은 단번에 본체를 깨달으니 그것이 바로 공부이며, 타인과 자기, 안과 밖이 한꺼번에 모두 통하게 된다. 그 다음 (근기의) 사람은 습관화된 마음習心이 있어서 본체가 가려짐을 면하지 못한다. 그러므로 잠시 동안 의념상에서 착실하게 선을 행하고 악을 제거하도록 가르친다. 공부가 무르익은 뒤에 찌꺼기가 다 제거되었을 때는 본체도 전부 밝아지게 된다.「황성증의 기록」

양명의 대답은 절충론이 아니다. 핵심은 둘을 섞는 데 있는 게 아니라, 두 견해를 각기 잘 사용해야 한다는 것! 진리는 하나의 얼굴이 아니다. 배우는 사람이나 가르치는 사람이나 어떤 지반 위에 서 있을 수밖에 없다. 하지만 가르침은 반드시 '그 물음'에 대한 '그 대답'이어야 한다. 스승은 모든 대답을 해주는 사람이 아니라 바로 그 대답을 해주는 사람이어야 한다. 제자들 또한 마찬가지. 제자들은 스승으로부터 모든 대답을 구하는 자가 아니다. 제자들은 '바로 그 대답'을 들어야 한다.

그러므로 양명의 사구교는 두 명의 애제자에 대한 배려나 혹은 지적 같은 게 아니다. 왕용계에게는 따로 본체가 곧 공부라는 그 공부법은 스스로 열심히 정진해 나아갈 뿐인 것이지 이것을 다른 사람들에게 함부로 고집해서는 안 된다고 가르쳤던 것! 또한 전서산에게는 양지의 본체조차도 본래는 없는 것이기에 어떠한 공부도 결국에는 본체와 합일되어야 하는 것임을 깨우쳐 주었던 것!

양명학의 분화

그런 점에서 양명학의 분화는 사실상 양명으로부터 예견된 것이었다고도 말할 수 있다. 아니 어떤 의미에서 양명학은 바로 그러한 분화를 통해서만 전승될 수 있는 것인지 모른다. 또한 이것은 양명학의 사상적 역동성을 상징적인 형태로 잘 보여 주는 사례라고도 할 수 있다.

양명 자신의 삶에서 보듯, 양명은 끊임없이 자신의 존재 기반을 부수면서 나아갔다. 삶에 대한 양명의 이러한 태도는 기본적으로 그의 사상적 기반에 굳게 남겨져 있었다. 양명은 결코 그 자신이 법法적인 것으로 고정되기를 원치 않았다. 원래 성인은 똑같을 수 없는 법이다.

왕용계와 전서산의 학파는 보통 양명 좌파와 양명 우파로 분류된다. 양명의 생전에는 문제가 되지 않았던 좌파와 우파의 학문적 성향 차이는 생각보다 훨씬 큰 것이었다. 전서산은 훗날 양명의 문집을 새로 편찬하는 과정에서 자신들의 분파가 매우 빠르고 또 멀리까지 나아갔음을 고백했다. "우리 양명학파에서는 각각 자기의 견해로서 학설을 세우고 있다. 배우는 자가 본체를 보게 되면 곧 돈오의 설을 즐겨 행하게 된다. 또한 자신을 되돌아보고 자기를 억제하는 노력을 않게 되거나, 본체를 한 번 보고서는 성인마저도 뛰어넘어서 발돋음해야 할 것이라 말한다."

본체를 중시하는 양명 좌파는 '번뇌가 곧 깨달음'이라는, 색즉시공色卽是空의 불교를 연상케 한다. 이에 반해 공부의 현실적 과정을 중시한 양명

우파는 유학 본연의 엄숙하고 정제된 모습을 보인다. 요컨대 양명 좌파와 우파는 사실상 양명의 사상으로부터 연원했다는 기원 외에는 공유되는 지점이 거의 없어 보인다. 양명 좌파는 어느 순간 불교와 더 가까운 것처럼 보이고, 양명 우파는 때론 주자학과 많은 부분 공명하고 있었다.

황종희는 명나라 시대 유학의 계보를 정리한 『명유학안』明儒學案에서 양명학의 분할을 크게 일곱 개로 분류했다. 절중浙中학파, 강우江右학파, 남중南中학파, 초중楚中학파, 북방北方학파, 월민粵閩학파, 태주泰州학파. 이러한 분류는 대체로 제자들의 활동 지역을 중심으로 이루어진 것인데, 양명학자를 자처했던 황종희는 이 가운데 강우학파를 양명학의 정통으로 보았다(잘 알려진 인물들을 살펴보면, 서애·전서산·왕용계는 절중학파이고, 왕심재王心齋[왕간]·나근계羅近溪[나여방]·안산농顏山農·하심은何心隱은 태주학파이다).

사실 양명학이 세상에 이름을 떨치는 데 가장 크게 기여한 학파는 태주학파였다. 그런데 흥미롭게도 황종희는 태주학파를 양명학의 이단으로 간주했을 뿐 아니라, 왕용계 또한 양명학을 어지럽힌 인물로 평가했다. 양명학자 스스로도 양명학단 내에서 서로 이단의 의심을 겨누고 있었다는 것! 이것은 양명학이 스승의 우상을 부술 수 있는 특별한 학문 정신의 실험이었음을 알려 주는 사례가 아닐까.

이탁오, 양명 좌파의 마지막 상상력

양명학자이면서 어느 정도까지 멀리 갈 수 있는지를 보여 준 양명학의 극단은 명말청초의 이탁오李卓吾다. 황종희는 이탁오를 아예 양명학의 계보에서 제외시키고 있는데, 이것은 아마도 이탁오가 보여 준 파격적인 행동들과 그에게 덧씌워진 이단자·반명교론자反名敎論者 등의 이미지 때문일 것이다. 아니면 이탁오가 사사받은 왕동애가 태주학파의 창도자인 왕심재의 아들이기 때문이거나.

어쨌거나 이탁오는 53세에 평생을 전전하던 관직을 그만두고 성인의 길을 좇기 시작했다. 그는 도道를 깨치는 일에는 어떠한 권력화된 기존 권위를 인정하지 않았을 뿐 아니라, 마찬가지 이유로 도를 깨칠 수 있다면 불교나 도교 등도 마다하지 않았다. 59세에 이르러 이탁오는 태주 마성현 용호龍湖에 있는 지불원芝佛院에서 스님들과 함께 기거하며 학문하였는데, 당시 지불원에는 부녀자들까지 드나들며 학문을 연마할 수 있었다. 이탁오의 이런 행동들은 곧 지역 유학자들의 거센 반발과 비난을 받았다. 이탁오는 곧 이단의 표상이 되었다. 그러자 이탁오는 자신을 이단이라고 부르는 그들에 대항해 스스로 삭발을 하였다.

이탁오는 50세까지 자신은 그저 한 마리의 개에 불과했다고 토로했다. 이곳저곳의 권위에 눌려 경전의 말씀을 그저 외고 앵무새처럼 읊조리곤 했다는 것! 학문의 길에 들어선 이후 이탁오는 무엇보다도 자기 자신과의 싸움에서 누구보다 철저한 사상가의 모습을 보여 준다. 그에게는 어떠한 사회적 권위나 권력도 그 자신의 도道에 비추어 용납되지 않는다면 타협하지 않는 강인한 정신이 있었다. 하여 이탁오는 수많은 사람들과 날선 논쟁을 멈추지 않았다. 그리고 바로 그러한 삶에 대한 자세를 끝까지 잃지 않았다.

이탁오는 76세의 병든 몸으로 체포된다. 치양지를 주창한 이후 시기하고 모략하는 사람들이 더욱 늘어났다던 양명의 고백처럼, 이탁오 역시 모략과 시기하는 사람들이 끊이지 않았다. 체포 당시 이탁오의 죄목은 '어지러운 도를 떠들어 혹세무민한다'는 것이었다. 이탁오는 감옥에서 이발용 칼로 스스로 목숨을 끊었다. 이탁오는 생전에 이미 숱한 학문적 스캔들을 일으킨 장본인이어서, 자신의 저술을 '태워 버려야 할 책'이란 뜻의 『분서』焚書, '감춰 둬야 할 책'이란 뜻의 『장서』藏書라고 이름 붙였는데, 그의 이름과 저술들은 지금까지도 양명학의 이단적 성격을 대표하는 아이콘으로 널리 회자되고 있다.

오늘날 우리는 주자학과 양명학을 송명 리학理學이라고 부른다. 이 둘은 리理의 본원성을 부정하지 않는다는 점 외에 배움을 통해 성인에 이를 수 있다는 주장을 공유하고 있다. 요컨대 '성인-되기'야말로 이들 학문의 궁극처인 것! 그런데 주자의 치밀한 지적 체계가 보여 준 엄정하고 방대한 학문 시스템 속에서 아직까지 배움을 통해 성인에 이른 사람은 단 한 사람도 없었다. 양명학은 어떤가. 양명학에서도, 그런 적은 없다. 하지만 양명학에서는 양명을 위시해서 종종 광자狂者들이 출현했다.

사제관계에서 후학들이 갖는 이러한 태도의 차이는 주자학과 양명학의 학문적 성격과 관계되어 있다. 주자학은 본질적으로 주자의 학문체계를 넘어설 수 없다. 주자의 전제는 일종의 법法이어서 그것을 넘어서는 순간 그것은 더이상 주자학이라고 할 수 없다. 한마디로 주자학자들에게 주자는 아직껏 정복되지 못한 우뚝한 산이다. 이에 비해 양명은 평지다. 실제로 양명은 제자들에게 태산이 되기보다는 평지가 되고자 했다.

　그러므로 양명의 학문은 양명학의 종점이 아니라 출발점이다. 양명의 사상을 이어받은 제자들은 각기 다른 방식으로 양명을 전파시켰다. 마치 양명의 사상은 양명이라는 인물에 대한, 혹은 양명학이라는 어떤 '원전'에 대한 학습의 형식으로는 유통하지 않을 것을 약속하기라도 한 것처럼, 양명의 제자들은 스승의 가르침을 자신들의 손으로 재탄생시켰다. 이것은 아마도 양명학의 기본이 각자의 양지를 실현하는 것에 기반하고 있기 때문일 것이다. 양지의 실현은 어떤 모델에 대한 학습이 아니라 모두가 스스로 자신의 삶을 창안해 나가는 문제였던 것이다.

　양명은 스스로 자신의 삶을 재현할 만한 모범으로 여기지 않았다. 임종 시에 그가 남긴 말은 "이미 모든 것을 다 밝혀 드러냈기에 후회나 아쉬움 등의 찌꺼기는 하나도 남아 있지 않다"此心光明 亦復何言는 것이었다. 그렇게 반짝, 하고 빛을 내고는 다시 사라지는 방식으로 우리는 자신의 양지를 밝힐 수 있을 뿐이다. 그 어떤 삶도 재현되어야 할 대상으로 고정될 수도, 되어서도 안 된다. 이것이야말로 스스로 기꺼이 광자狂者를 자처했던 스승으로부터 그 제자들이 배워야 했던 유일하다면 유일한 가르침이었다.

오직 자신의 양지에 대해서만 응답할 것! 생의 한순간도 멈추지 말고 머뭇거리지도 말 것. 앎은 행하는 것이 아니라 행하는 것일 때만 앎이라는 것. 그리고 삶의 가치는 지키는 것이 아니라 매 순간 창출하는 것이라는 것. 스승 양명은 이렇게 말했다. 아니 이렇게 살았다.

함께 읽으면 좋은 책들

왕양명, 『전습록 : 실천적 삶을 위한 지침』 1 · 2, 정인재·한정길 옮김, 청계출판사, 2001
묻고 답하는 '학문'의 기록, 『전습록』은 왕양명과 양명학으로 가는 입구이자 출구이다. 『전습록』의 번역은 여러 이유로 침체되어 있던 양명학 연구에도 큰 의미를 갖는다. 일반 대중들도 이해하기 쉽도록 각 조목마다 주요한 주석은 물론이고, 정인재·한정길 두 번역자들의 친절한 해설까지 실려 있다. 무엇보다도 『전습록』은 양명학의 기본 교과서인 만큼 왕양명과 양명학의 내용에 관심을 가진 독자들이라면 꼭 읽어 보기를 권한다.

최재목, 『내 마음이 등불이다 : 왕양명의 삶과 사상』, 이학사, 2003
『내 마음이 등불이다』는 왕양명에 대한 평전이다. 이 책으로 인해 한국에서 양명학은 아카데미의 골방에서 벗어나 대중들과 만날 수 있는 길이 열렸다. 양명의 평전 형식을 갖추고 있지만 알기 쉽고 분명한 문체로 양명의 핵심 사상들을 설명해 준다. 심즉리·격물·지행합일·치양지 등 양명학의 주요 개념들과 친근해질 수 있는 최고의 입문서로서도 손색이 없다. 이제 막 양명(학)을 만난 초심자들에게 더욱 추천한다.

뚜웨이밍, 『한 젊은 유학자의 초상』, 권미숙 옮김, 통나무, 1994

뚜웨이밍(杜維明) 교수의 『한 젊은 유학자의 초상』은 청년기까지의 왕양명을 대상으로 양명학의 탄생에 해당하는 '용장에서의 깨우침'까지를 다룬다. 다루는 시기도 생애의 절반이고, 분량도 많지 않다고 해서 가볍게 생각한다면 오산이다. 이 책은 양명과 그의 학문을 바라보는 관점에 있어 매우 탁월하고 문제 의식도 묵직하다. 특히 유학이 소극적이고 학자연하는 관념의 학문이 아니라 자기 자신의 존재를 걸고 세상과 대결하는 대장부의 용맹한 고투의 산물임을 훌륭하게 보여 주었다. 최재목 교수의 『내 마음이 등불이다』와 세트로 읽으면 양명의 생애와 양명이라는 인물에 대해 보다 충분히 이해할 수 있을 것이다.

시마다 겐지, 『주자학과 양명학』, 김석근 옮김, 까치, 1993

시마다 겐지(島田虔次)의 『주자학과 양명학』은 중국사상사 분야의 고전이다. 이 책을 읽으면 주자학과 양명학의 특징과 배경을 선명하게 비교할 수 있다. 이후 많은 연구자들에 의해 부분적으로 비판 혹은 보완되었지만 주자학과 양명학을 대비적 관점에서 보기보다는 중세 사상사의 큰 줄기들로 파악하는 이 책만의 독특한 관점은 여전히 중요한 테마로 남아 있다. 양명학과 관련해서는 신유학(주자학/양명학)의 목표인 성인(聖人)되기를 광자(狂者) 개념으로 풀고, 나아가 이탁오(李卓吾)라고 하는 명말청초 극단의 양명학자에 주목하고 있는 점도 흥미롭다.

고지마 쓰요시, 『사대부의 시대』, 신현승 옮김, 동아시아, 2004

고지마 쓰요시(小島毅)는 시마다 겐지, 아라키 겐코(荒本見悟), 미조구치 유조(溝口雄三) 등을 잇는 일본 내 중국사상사 연구의 신진 대표주자다. 이 책 『사대부의 시대』는 주자학과 양명학을 단지 교리적 해설에 입각해 비교하는 데서 더 나아가 신유학의 문화적 배경에 대한 이해를 중심으로 두 사상의 전개를 보여 준다. 고지마 쓰요시는 그의 또 다른 책 『송학(宋學)의 형성과 전개』(신현승 옮김, 논형,

2004)에서도 선학들의 연구를 비판적으로 섭취하며, 송대에 발흥한 새로운 학문적 분위기를 천(天)·성(性)·도(道)·교(教) 등의 주요 개념을 통해 설명한 바 있다. 중국 전근대 사상에 관심 있는 분들이라면 고지마 쓰요시의 책을 통해 시대와 사상의 관계에 대해 더욱 풍성한 이해의 틀을 얻을 수 있을 듯.

미조구치 유조·고지마 쓰요시·이케다 도모히사, 『중국을 움직인 네 가지 힘』, 조형렬 옮김, 글항아리, 2012
현 단계 중국사상사 연구의 일단을 볼 수 있는 책이다. 세 명의 필자가 각각 자기 전문분야의 집필을 맡았는데, 각각 진한(秦漢)·당송(唐宋)·명말청초(明末淸初)·청말민국(淸末民國) 시기로 구성되어 있다. 네 개의 시기는 각각 중국사상사(혹은 동아시아 사유의 핵으로서의 중국사)의 커다란 변곡점이다. 이 책 『중국을 움직인 네 가지 힘』은 동아시아의 전근대 시기를 이해하는 기본서일 뿐만 아니라, 동아시아적 문화 지형도를 새롭게 포착할 수 있는 참신한 시선과 연구 방법들을 만날 수 있는 책이기도 하다.

이탁오, 『분서』, 김혜경 옮김, 한길사, 2004
이탁오는 명말청초의 사상가이자, 유학의 이단아다. 물론 이러한 평가는 이탁오를 혐오했던 기득권 세력의 배척과 자기 기만의 결과였지만. 이탁오의 사상적 뿌리는 양명학이다. 스스로 자신의 책을 '불태워 버려야 할 책'(焚書)이라 제목해야 했을 만큼 이탁오는 생전에 이미 자신의 사유가 갖는 시대와의 불화를 충분히 자각하고 있었다. 하여 혹자는 이탁오를 양명학 '급진 좌파'라 칭하기도 한다. 이탁오의 사상은 지금의 눈으로 봐도 파격적이고 자유롭다. 하지만 이탁오의 급진성은 배움을 향한 자유롭고 용맹한 정신에서 온 것이지 그가 혁명을 욕망한 결과는 아니었다. 동양 고전이 밋밋하고 뻔하디 뻔한 덕담을 이야기를 한다고 생각하는 독자라면 『분서』와 접속해 보시길!